AF566430

# Cocotte Kochbuch

*Die leckersten Cocotte Rezepte für jeden Anlass und Geschmack*

Sebastian Kampen

Cocotte Kochbuch

www.edition-lunerion.de



Für Fragen und Anregungen:
info@edition-lunerion.de
Auflage 2023

# Vorwort

Tolle Wärmespeicherkapazität, unschlagbare Vielseitigkeit und unnachahmlicher Aromenreichtum dank langsamem Garprozess: Damit punktet die Cocotte, der gusseiserne Allrounder und noch dazu erhält dieser Topf wertvolle Inhaltsstoffe, spart jede Menge Abwasch und lässt Sie sogar beim Fondue nicht im Stich. Grund genug, beim Kochen künftig auf den hübschen Retro-Helfer zu setzen und die passenden Rezepte dazu gibt's in diesem Buch.

Ob Sie feine Suppen zubereiten wollen, Ihr eigenes Brot backen, herrlich aromatische Eintöpfe, Aufläufe oder Nudelgerichte schmoren oder verführerische Desserts kreieren, hier finden Sie eine Riesenauswahl, die Fleischfreunde, Fischfans, Veggies und Naschkatzen gleichermaßen glücklich macht. Ist das kompliziert? Ganz im Gegenteil! Die Cocotte macht auch komplexe Gerichte zum Kinderspiel und garantiert dank Antihaftbeschichtung und gleichmäßiger Erwärmung beim Backen, Kochen und Schmoren gleichermaßen Top-Ergebnisse. Zudem schenken die unkomplizierten Schritt-für-Schritt-Rezepte auch Anfängern gelungene Geschmacks-Highlights vom ersten Versuch an und machen im Handumdrehen die ganze Familie satt und zufrieden!

*Guten Appetit!*

# INHALT


Wissenswertes ........ 1

Brote ........ 3

*Knuspriges Hefebrot* ........ 4
*Sauerteigbrot* ........ 5
*Walnussbrot* ........ 6
*Safranbrot* ........ 7
*Frisches Roggenbrot* ........ 8
*Bauernbrot* ........ 9
*Buttermilchbrot* ........ 10
*Doppelbocker* ........ 11
*Sauerteig-Brot* ........ 12
*Mischbrot* ........ 13
*Tomatenbrot* ........ 14
*Hefezopf* ........ 15
*Grill-Brot aus dem Topf* ........ 16
*American Corn Bread* ........ 17
*Eichelbrot mit Sauerteig* ........ 18

Suppen & Eintöpfe ........ 19

*Herzhafte Kartoffelsuppe* ........ 20
*Reis-Hühnchen-Suppe* ........ 21
*Spargelsuppe mit Crumble* ........ 22
*Graupengemüse-Suppe* ........ 23
*Zwiebelsuppe nach französischer Art* ........ 24
*Eintopf mit Schweinefleisch und Speck* ........ 25
*Schweinebraten mit Biersauce* ........ 26
*Klassischer Bauerntopf* ........ 27
*Schaschliktopf* ........ 28

*Ungarische Suppe mit Rind und Paprika* ........ 29
*Geflügeltopf* ........ 30
*Grießnocken-Topf* ........ 31
*Bärlauch-Zwiebelsuppe* ........ 32
*Grüne Kartoffelsuppe* ........ 33
*Grüne Cremesuppe* ........ 34
*Sellerie-Suppe* ........ 35
*Minz-Kürbissuppe* ........ 36
*Pilz-Nuss-Suppe in Weißwein* ........ 37

Hauptspeisen mit Fisch ........ 38
*Thunfisch mit Kartoffelbrei* ........ 39
*Fischfilet mit frischem Gemüse* ........ 40
*Räucherlachs mit Ei und Käse* ........ 41
*Seelachsfilet mit Gemüse* ........ 42
*Katalanische Meeresfrüchte mit Tomaten und Sauce* ........ 43
*Kichererbsen mit Gemüse und Heilbutt* ........ 44
*Lachs und Spargel aus der Cocotte* ........ 45
*Kräuter-Risotto* ........ 46
*Fischtopf italienischer Art* ........ 47
*Fisch brasilianischer Art* ........ 48
*Fisch und Garnelen portugiesischer Art* ........ 49

Hauptspeisen mit Fleisch ........ 50
*Döner-Gemüse-Topf* ........ 51
*Schweinefilet mit Champignons* ........ 52
*Fleischbällchen mit Kartoffeln* ........ 53
*Faschiertes Rind mit Nudeln* ........ 54
*Schichttopf mit Pilzen und Paprika* ........ 55
*Geschnetzeltes mit Jägersauce* ........ 56
*Auflauf mit Kartoffeln, Fleisch und Gemüse* ........ 57

*Gulasch im Blätterteig* ... 58
*Gulasch mit Kürbishaube* ... 59
*Rinder-Stroganoff* ... 60
*Hähnchen-Pasta* ... 61
*Pilzpfanne mit Hähnchen und Zwiebeln* ... 62

Vegetarische Hauptspeisen ... 63
*Gemüse mit Kräutern und Kartoffeln* ... 64
*Pasta mit Chili und Knoblauch* ... 65
*Gedünsteter Spitzkohl in Butter* ... 66
*Leckere vegetarische Paella* ... 67
*Würzige Kürbis-Pasta* ... 68
*Gefüllte Paprika mit Champignons* ... 69
*Gemüsereis* ... 70
*Japanischer Reis* ... 71
*Leckerer Pilz-Reis-Topf* ... 72
*Wilder Reis mit Basilikum* ... 73
*Schnelle Pilzpfanne mit Nudeln und gemischten Pilzen* ... 74
*Maronen in Rahmsauce* ... 75

Vegane Hauptspeisen ... 76
*Taco-Pasta-Topf* ... 77
*Tomaten-Pasta* ... 78
*Quinoa-Kokos-Topf* ... 79
*Zucchini-Paprika-Pfanne* ... 80
*Pasta asiatischer Art* ... 81
*Reis mit Käse und Tofu* ... 82
*Champignon-Reis-Topf* ... 83
*Reis spanischer Art mit Gemüse* ... 84
*Fruchtiger Reis* ... 85
*Risotto mit Erbsen und Spinat* ... 86

Nachspeisen und Gebäck ........................................ 87

*Eierlikör-Kuchen* ........................................ *88*

*Apfel-Zimtschnecken* ........................................ *89*

*Kokoskuchen* ........................................ *90*

*Schneller Nutella-Cake* ........................................ *91*

*Leckerer Beeren-Kuchen* ........................................ *92*

*Birnen-Gratin mit Mirabelle* ........................................ *93*

# Wissenswertes

Das Kochen in der Cocotte macht nicht nur Spaß, sondern es spart auch noch viele Küchenutensilien ein. Wo Sie ansonsten Pfannen, diverse Töpfe und Backformen benötigen, können Sie Ihre Arbeit hier in der Regel in nur einem Topf, der Cocotte, verrichten.

Die Cocotte kann sowohl auf dem Herd, im Backofen als auch auf dem Grill genutzt werden. Ob Sie ein leckeres Brot backen möchten, Fleisch schmoren wollen oder One-Pot-Gerichte lieben – die Cocotte bietet das Rundum-Paket.

Für den schnellen Hunger ist die Cocotte eher weniger gedacht, wenngleich es einige schnelle Zubereitungsmöglichkeiten gibt. Die meisten Rezepte werden bei niedriger Hitze, dafür aber über einen längeren Zeitraum zubereitet. Dies sollte jedoch nicht als Nachteil gewertet werden, denn sowohl Nährstoffe als auch Aromen bleiben in der Cocotte gut erhalten, womit diese einen absoluten Mehrwert bietet.

Dank ihrer guten Wärmespeicherung eignet sich die Cocotte selbst für ein leckeres Fondue mit Freunden. Das Antihaftverhalten sorgt dafür, dass Sie in der Cocotte gebackene Brote wunderbar daraus lösen können und Ihre Zutaten nicht am Boden haften bleiben. Zudem kann die Cocotte die Wärme gleichmäßig verteilen, was dafür sorgt, dass Ihr Brot nicht einseitig schneller gar wird. Decken Sie die Cocotte mit dem Deckel ab, so können Sie Ihre Speisen wunderbar warmhalten, auch dann, wenn Sie das Gericht transportieren und beispielsweise zu Verwandten mitnehmen möchten.

So gut, wie die Cocotte mit der Wärme umgehen kann, so wunderbar kalt hält sie ebenfalls. So können Sie die Cocotte auch im Sommer nutzen, um eine kalte Speise von A nach B zu transportieren.

Die Cocotte ist langlebig und robust und es ist deutlich spürbar, dass sie in Form des Gusseisens oder Gusstopfs auf Omas Zeiten basiert. Die Emaille-Beschichtung sorgt für eine massive Festigkeit, auch Griffe und Deckel halten der Hitze stand.

Die Langlebigkeit der Cocotte hat natürlich ihren Preis, der sich jedoch absolut lohnt. Die Cocotte können Sie in verschiedenen Größen erwerben und auch die Mini-Cocotte ist eine tolle Sache. Die Gerichte können Sie nämlich durchaus auch in mehreren Mini-Cocotten zubereiten und dann in diesen servieren.

Beim Kauf der Cocotte sollten Sie in erster Linie darauf achten, dass sie groß genug ist, um die ganze Familie versorgen zu können. Auch die Form spielt eine Rolle. Die Cocotte gibt es meist in runder, aber auch ovaler Form. Während Sie die ovale Cocotte eher für Fisch oder Hähnchen nutzen können, eignet sich die runde Cocotte eher für Brote oder Gulasch-Gerichte. Denken Sie beim Kauf also auch an Ihre geschmacklichen Vorlieben und auch daran, wie Sie die Platten auf Ihrem Herd schalten können. Nicht jeder Herd besitzt eine zuschaltbare Bräterzone, mit der Sie auch ovale Töpfe erhitzen können.

Auch, wenn es eine untergeordnete Rolle spielt, so können Sie die Cocotte selbstverständlich in verschiedenen Farben erwerben.

Nun möchte ich Sie aber nicht länger vom Kochen abhalten und wünsche Ihnen viel Freude mit den folgenden Rezepten und einen:

# Brote

# KNUSPRIGES HEFEBROT

 1 Port.
 1 Tag
 Leicht

**Zutaten**

1 ½ TL Meersalz
300 ml Wasser
Etwas Mehl zum Bestreuen
400 g Weizenmehl
½ TL frische Hefe
Mehl für die Arbeitsfläche

**Nährwerte p. P.**

*265 kcal*
*49 g Kohlenhydrate*
*3 g Fett*
*9 g Eiweiß*

1 Geben Sie das Mehl mit dem Wasser, der Hefe und dem Salz in eine Schüssel. Verrühren Sie die Menge nur so lange, bis der Teig eine Einheit bildet. Der Teig wird nicht geknetet. Decken Sie den Teig ab und lassen Sie ihn etwa 18 Stunden lang gehen. Anschließend sollte sich das Teigvolumen verdoppelt und der Teig Blasen geworfen haben.

1 Geben Sie den Teig nun mit einem Teighörnchen auf eine bemehlte Arbeitsfläche und falten Sie ihn viermal. Falten Sie den Teig dann von oben, von unten, von links und von rechts bis zur Mitte hin und bringen Sie ihn dann schnell in eine runde Form.

2 Bemehlen Sie nun ein Leinentuch, legen Sie den Teig darauf und streuen Sie etwas Mehl auf den Teig. Bedecken Sie den Teig mit den Tuchenden und lassen Sie ihn so weitere 2 Stunden gehen.

3 Stellen Sie jetzt einen Gusseisentopf mit 4 Liter Fassungsvermögen mit Deckel auf ein Blech und schieben Sie dieses in das untere Drittel des Backofens. Der Ofen sollte auf 240 °C Ober-/Unterhitze vorgeheizt sein. Sobald der Topf richtig heiß ist, geben Sie das Brot aus dem Leinentuch in den heißen Topf und legen den Deckel rasch wieder auf. Backen Sie das Brot nun 30 Minuten lang, nehmen Sie dann den Topfdeckel herunter und backen Sie es für weitere 15 bis 30 Minuten. Nehmen Sie das Brot heraus und legen Sie es zum Abkühlen auf ein Kuchengitter.

# SAUERTEIGBROT

1 Port.

1 Tag

Leicht

**Zutaten**

100 g Sauerteig
700 ml Wasser
1 kg Dinkelmehl (Typ 630)
25 g Salz

**Zudem:**
100 ml Wasser
20 g Mehl (kein Vollkornmehl)

**Nährwerte p. P.**

*234 kcal*
*40 g Kohlenhydrate*
*4 g Fett*
*10 g Eiweiß*

1 Bereiten Sie zunächst das Mehlkochstück vor, indem Sie 20 g Mehl und 100 ml Wasser in einen Topf geben und die Menge aufkochen. Rühren Sie währenddessen mit einem Schneebesen und lassen Sie die Menge abkühlen, sobald sich Mehl und Wasser verbunden haben.

2 Geben Sie die übrigen Zutaten mit dem Mehlkochstück zusammen und verkneten Sie die Masse gründlich. Decken Sie den Teig ab und lassen Sie ihn 2 Stunden lang ruhen. Anschließend falten Sie den Teig zweimal, im Abstand von 30 Minuten.

3 Legen Sie den Teig dann auf eine bemehlte Oberfläche und formen Sie ihn zu einem Laib. Bemehlen Sie nun ein Leinentuch und legen Sie dieses in eine Schale. Legen Sie das Brot hinein und bestäuben Sie es mit Mehl. Stellen Sie das Brot jetzt für 15 bis 20 Stunden in den Kühlschrank, wo es sein Volumen verdoppelt.

4 Anschließend stürzen Sie das Brot in einen Gusstopf oder eine Cocotte und setzen den Deckel auf. Stellen Sie den Topf in den kalten Backofen und backen Sie das Brot für 80 Minuten auf 240 °C Ober-/Unterhitze. Öffnen Sie dann den Topf und lassen Sie das Brot im heißen Topf abkühlen.

# WALNUSSBROT

1 Port.

1 Tag

Leicht

**Zutaten**

400 g Dinkelmehl (Typ 1050)
600 ml Wasser
100 g gehackte Walnüsse
400 g Dinkelmehl (Typ 630)
½ Pck. Trockenhefe
16 g Salz
1 EL Zucker

**Nährwerte p. P.**

*265 kcal*
*49 g Kohlenhydrate*
*3 g Fett*
*9 g Eiweiß*

1 Vermischen Sie zunächst beide Mehlsorten mit dem Zucker, dem Salz und der Trockenhefe. Geben Sie dann das Wasser dazu und kneten Sie alles für einige Minuten zu einem Teig. Hacken Sie dann die Walnüsse und kneten Sie sie in den Teig hinein. Decken Sie den Teig ab und lassen Sie ihn für 20 Stunden bei Raumtemperatur stehen. Anschließend sollten sich starke Blasen auf der Teigoberfläche gebildet haben.

2 Stürzen Sie den Teig dann auf eine bemehlte Oberfläche, ziehen Sie ihn lang und schlagen Sie die beiden Enden zur Mitte hin ein, sodass eine Rolle entsteht. Wiederholen Sie diesen Vorgang weitere drei Male und lassen Sie den Teig erneut für 1 Stunde ruhen.

3 Heizen Sie den Backofen auf 250 °C vor und stellen Sie die Cocotte oder den Gusstopf für mindestens 20 Minuten leer in den Ofen. Nehmen Sie den Topf dann heraus und lassen Sie den Teig in den Topf gleiten. Legen Sie den Deckel auf und backen Sie das Brot für 40 Minuten im Ofen. Nehmen Sie dann den Deckel ab und backen Sie das Brot für weitere 10 Minuten.

4 Stürzen Sie das Brot jetzt auf einen Rost und lassen Sie es abkühlen.

# SAFRANBROT

1 Port.

5 Std.

Leicht

**Zutaten**

200 g Hartweizengrieß
1 TL Salz
1 EL gemahlene Fenchelsamen
Etwas Mehl für die Arbeitsfläche
300 g Mehl (Typ 550)
¼ TL Trockenhefe
1 TL Safranfäden
350 ml warmes Wasser

**Nährwerte p. P.**

*235 kcal*
*39 g Kohlenhydrate*
*4 g Fett*
*11 g Eiweiß*

1 Vermischen Sie zunächst die Trockenhefe mit Salz, Hartweizengrieß und Mehl. Mahlen Sie die Safranfäden in einem Mörser und gießen Sie etwa 10 ml kochend heißes Wasser darüber. Zermahlen Sie nun auch die Fenchelsamen mit einem Mörser und geben Sie die Samen sowie den Safran und 350 ml warmes Wasser zur Mehlmenge. Vermengen Sie die Masse mit einem Kochlöffel zu einem klebrigen Teig. Decken Sie die Schüssel mit einem Tuch ab und lassen Sie den Teig für 3 Stunden ruhen.

2 Bemehlen Sie dann eine Arbeitsfläche und geben Sie den aufgegangenen Teig darauf. Bestäuben Sie den Teig mit etwas Mehl und wälzen Sie ihn mit einem Teigschaber im Mehl, damit er nicht mehr so sehr klebt. Geknetet wird der Teig nicht.

3 Bemehlen Sie jetzt Ihre Hände und bringen Sie den Teig vorsichtig in Brotform. Legen Sie etwas Backpapier in eine Schüssel, lassen Sie den Teig hineingleiten und decken Sie ihn mit einem Tuch ab. Stellen Sie die Cocotte in den Backofen und schalten Sie diesen auf 220 °C Ober-/Unterhitze.

4 Sobald der Ofen heiß ist, lassen Sie die Cocotte für 30 Minuten leer im heißen Backofen stehen. Anschließend geben Sie den Teig samt Backpapier in die Cocotte hinein, verschließen diese schnell wieder und backen das Brot für 30 Minuten. Nehmen Sie dann das Brot kurz heraus und entfernen Sie das Backpapier. Legen Sie das Brot zurück in die Cocotte und backen Sie es ohne Deckel für weitere 25 Minuten.

5 Nehmen Sie es dann aus dem Ofen und lassen Sie es abkühlen.

# FRISCHES ROGGENBROT

2 Port.

5 Std.

Leicht

**Zutaten**

600 ml Wasser
20 g Salz
200 g Sauerteig-Starter, Roggen
1 kg Roggenmehl (Typ 1150)

**Nährwerte p. P.**

*259 kcal*
*48 g Kohlenhydrate*
*3 g Fett*
*9 g Eiweiß*

1 Rühren Sie den Sauerteig-Starter vorsichtig in Wasser ein, heben Sie dann das Mehl und das Salz unter. Vermischen Sie die Menge gründlich. Decken Sie den Teig mit einem Tuch ab und lassen Sie ihn 4 Stunden lang ruhen, dann sollte sich das Volumen deutlich verbessert haben.

2 Bemehlen Sie anschließend eine Arbeitsfläche, halbieren Sie den Teig und formen Sie beide Hälften zu je einem Laib. Geben Sie beide Brote nun in einen Gärkorb oder alternativ in eine Schale mit Backpapier. Decken Sie die Brote erneut ab und lassen Sie sie weitere 20 Minuten ruhen. Heizen Sie den Backofen auf 240 °C Ober-/Unterhitze vor und stellen Sie die leere Cocotte hinein.

3 Stürzen Sie die Brote hinein, sobald die Cocotte heiß ist, und backen Sie sie für etwa 30 Minuten beziehungsweise bis sich das Brot braun färbt. Reduzieren Sie die Hitze dann auf 150 °C und nehmen Sie den Deckel ab. Jetzt werden die Brote für weitere 30 Minuten fertig gebacken.

4 Die Brote sind fertig, sobald Sie beim Klopfen auf die Unterseite hohl klingen. Wenn dies noch nicht der Fall ist, backen Sie sie für weitere 10 Minuten.

5 Nehmen Sie die Brote heraus und lassen Sie sie auf einem Rost abkühlen.

# BAUERNBROT

1 Port.

3 Std. 10 Min.

Leicht

**Zutaten**

300 g Roggenmehl (Typ 1150)
600 ml lauwarmes Wasser
Etwas Mehl für die Schüssel
700 g Weizenmehl
1 EL Salz
10 g Trockenhefe
500 ml kochendes Wasser
Nach Bedarf: Sonnenblumen- und Kürbiskerne
Etwas Olivenöl

**Nährwerte p. P.**

*224 kcal*
*42 g Kohlenhydrate*
*2 g Fett*
*7 g Eiweiß*

1 Vermischen Sie beide Mehle und das Salz sowie das Olivenöl in einer Schüssel. Geben Sie hier nach Bedarf die Kerne dazu. Lösen Sie die Trockenhefe im lauwarmen Wasser auf und geben Sie die Mischung zum Mehl. Kneten Sie die Menge zu einem gleichmäßigen Teig, decken Sie den Teig ab und lassen Sie ihn für 30 Minuten bei Zimmertemperatur ruhen.

2 Kneten Sie den Teig jetzt erneut durch, bemehlen Sie eine Schüssel und legen Sie den Teig hinein. Lassen Sie ihn abgedeckt weitere 1 bis 2 Stunden ruhen. Der Teig sollte sich mindestens um die Hälfte verdoppeln.

3 Heizen Sie den Backofen auf 250 °C Ober-/Unterhitze vor und stellen Sie die leere Cocotte hinein. Schieben Sie zudem ein leeres Backblech auf die Schiene darunter.

4 Ist die Cocotte heiß, bemehlen Sie sie leicht und stürzen das Brot hinein. Geben Sie 500 ml kochendes Wasser auf das leere Backblech. Reduzieren Sie die Hitze auf 220 °C und backen Sie das Brot für 50 Minuten. Am Ende der Backzeit sollte die Kruste schön gebräunt sein.

# BUTTERMILCHBROT

1 Port. | 3 Std. 45 Min. | Leicht

**Zutaten**

190 g Buttermilch
375 g Dinkelmehl
190 g dunkles Roggenmehl
15 g Salz
10 g Hefe
300 g lauwarmes Wasser
180 Dinkelvollkornmehl

**Nährwerte p. P.**

*281 kcal*
*48 g Kohlenhydrate*
*4 g Fett*
*10 g Eiweiß*

1 Erwärmen Sie die Buttermilch lauwarm und bröseln Sie die Hefe hinein. Verrühren Sie die Menge und lassen Sie sie für 10 Minuten stehen.

2 Geben Sie jetzt alle trockenen Zutaten in eine Küchenmaschine und fügen Sie das lauwarme Wasser sowie die Buttermilch hinzu. Kneten Sie die Menge für 3 Minuten auf Stufe 1, dann für 7 Minuten auf Stufe 2. Alternativ können Sie auch mit der Hand kneten, dann ebenfalls für etwa 10 Minuten. Decken Sie den Teig nun ab und lassen Sie ihn für 90 Minuten ruhen. Kneten Sie ihn dann per Hand erneut durch und legen Sie ihn in ein bemehltes Gärkörbchen.

3 Heizen Sie den Backofen auf 250 °C Ober-/Unterhitze vor und stellen Sie die leere Cocotte hinein. Stürzen Sie den Teig nun mittig auf ein Stück Backpapier, nehmen Sie die heiße Cocotte aus dem Ofen und lassen Sie das Brot langsam hineingleiten. Legen Sie den Deckel auf und stellen Sie die Cocotte zurück in den Ofen.

4 Reduzieren Sie die Hitze nach 15 Minuten auf 230 °C und backen Sie das Brot dann für weitere 30 Minuten. Nehmen Sie den Deckel 10 Minuten vor Ende der Garzeit ab. Zuletzt legen Sie das Brot zum Abkühlen auf einen Rost oder ein Gitter.

# DOPPELBOCKER

1 Port.

1 Tag

Leicht

**Zutaten**

230 g Ruchmehl
15 ml Malzextrakt
250 ml Wasser
200 g Weißmehl
20 g Salz
100 ml Doppelbocker
5 g frische Hefe

**Nährwerte p. P.**

*400 kcal*
*81 g Kohlenhydrate*
*0 g Fett*
*15 g Eiweiß*

1 Geben Sie Weißmehl, Ruchmehl, Malzextrakt sowie Salz, Wasser, Bier und frische Hefe zusammen und verrühren Sie alles zu einem zähen Teig. Bedecken Sie die Rührschüssel mit Frischhaltefolie, beschweren Sie sie mit einem Teller und lassen Sie den Teig über Nacht bei etwa 18 °C aufgehen.

2 Nehmen Sie den Teig anschließend aus der Schüssel, geben Sie etwas Mehl darauf und falten Sie ihn einige Male. Bemehlen Sie ein Küchentuch und lassen Sie das Brot für weitere 15 Minuten darunter ruhen. Formen Sie den Teig dann zu einer Kugel, schlagen Sie diese locker in ein bemehltes Tuch ein und lassen Sie sie für 2 weitere Stunden gehen.

3 Stellen Sie die leere Cocotte in den kalten Ofen und heizen Sie diesen jetzt für 20 Minuten auf 230 °C vor. Geben Sie den Teig dann langsam vom Tuch in die Cocotte hinein und legen Sie den Deckel auf. Backen Sie das Brot für 30 Minuten, nehmen Sie den Deckel herunter und backen Sie das Brot für weitere 20 Minuten bei 210 °C.

4 Nehmen Sie das Brot zum Abkühlen aus der Cocotte heraus.

# SAUERTEIG-BROT

1 Port.

3 Std. 55 Min.

Leicht

**Zutaten**

480 ml Wasser
10 g Hefe
2 TL feines Salz
250 g Roggenmehl
2 EL Öl
100 g Getreidekörner
200 g Sauerteig
1 TL Zucker
500 g Weizenmehl (Typ 550)
200 g gemischte Kerne

**Nährwerte p. P.**

*188 kcal*
*37 g Kohlenhydrate*
*1 g Fett*
*8 g Eiweiß*

1 Legen Sie zunächst ein wenig des Sauerteigs zur Seite und vermischen Sie ihn mit der Hefe. Geben Sie den übrigen Sauerteig mit Zucker, Salz, Hefe und Wasser in eine Schüssel und verrühren Sie die Menge per Hand oder in einem Mixtopf.

2 Vermischen Sie jetzt beide Mehlsorten mit den Kernen sowie den Getreidekörnern ebenfalls in einem Mixtopf gründlich. Kurz bevor Sie das Mixen beenden, geben Sie das Öl dazu. Mixen Sie die Menge erneut und geben Sie den klebrigen Teig in eine Schüssel. Geben Sie dann auch die Sauerteig-Hefe-Mischung dazu und lassen Sie den Teig etwa 3 Stunden lang gehen.

3 Falten Sie den Teig anschließend in der Schüssel dreimal von außen nach innen. Fetten Sie die Cocotte leicht ein, stellen Sie sie in den Backofen und heizen Sie diesen auf 250 °C Ober-/Unterhitze vor. Holen Sie dann die heiße Cocotte heraus und legen Sie den Teig mit der Faltung nach oben hinein. Legen Sie den Deckel darauf und stellen Sie die Cocotte zurück in den Ofen. Nach 40 Minuten Backzeit nehmen Sie den Deckel ab und backen das Brot weitere 5 bis 20 Minuten, je nachdem, wie knusprig und braun Sie es haben möchten.

Zuletzt kippen Sie das Brot auf ein Gitter und lassen es dort abkühlen.

# MISCHBROT

1 Port.

1 Std.

Mittel

**Zutaten**

250 g Weizenmehl (Typ 405)
1 EL Sauerteig
1 TL Salz
200 g Roggenmehl (Typ 1150)
14 g Hefe
340 g kaltes Wasser

**Nährwerte p. P.**

*251 kcal*
*52 g Kohlenhydrate*
*1 g Fett*
*7 g Eiweiß*

1 Geben Sie alle Zutaten in eine Schüssel und kneten Sie sie gründlich zu einer glatten Kugel. Decken Sie den Teig ab und lassen Sie ihn für 30 Minuten gehen. Heizen Sie den Backofen auf 250 °C Ober-/Unterhitze vor und stellen Sie die leere Cocotte samt Deckel hinein.

2 Kneten Sie den Teig erneut, formen Sie ihn wieder zu einer Kugel und lassen Sie ihn erneut abgedeckt 30 Minuten gehen.

3 Nehmen Sie anschließend die Cocotte aus dem Ofen und legen Sie das Brot vorsichtig hinein. Schneiden Sie die Oberfläche einige Male mit einem Messer ein. Legen Sie den Deckel wieder auf und backen Sie das Brot für 15 Minuten. Nehmen Sie den Deckel dann ab, reduzieren Sie die Hitze auf 200 °C und backen Sie Ihr Brot für weitere 30 Minuten.

4 Nehmen Sie das Brot heraus und lassen Sie es auf einem Rost abkühlen.

# TOMATENBROT

4 Port.

3,5 Std.

Leicht

**Zutaten**

180 g Dinkelmehl (Typ 1050)
2 EL Oregano
400 g Milch
3 EL Olivenöl
150 g getrocknete Tomaten
500 g Weizenmehl (Typ 550)
1 EL Backmalz
1 Pck. Trockenhefe
1 EL Essig
1 TL Salz

**Nährwerte p. P.**

*218 kcal*
*43 g Kohlenhydrate*
*2 g Fett*
*7 g Eiweiß*

1 Geben Sie zunächst beide Mehle mit Oregano, Backmalz und Trockenhefe zusammen und vermischen Sie die Menge gründlich. Erwärmen Sie die Milch, bis sie lauwarm ist, und geben Sie diese sowie Essig und Öl zur Mehlmenge dazu. Kneten Sie den Teig für 5 Minuten in einer Küchenmaschine oder für 10 Minuten mit den Händen.

2 Schneiden Sie jetzt die getrockneten Tomaten in Würfel und mischen Sie sie mit 1 TL Salz unter den Teig. Kneten Sie den Teig erneut gründlich mit den Händen oder für 8 Minuten mit der Küchenmaschine.

3 Stellen Sie eine Schüssel bereit und geben Sie etwas Mehl hinein. Formen Sie den Teig zu einer Kugel und legen Sie ihn in die Schüssel. Decken Sie die Schüssel mit einem Tuch ab und lassen Sie den Teig für 90 Minuten an einem warmen Ort gehen. Falten Sie den Teig anschließend einige Male.

4 Streuen Sie jetzt auch auf den Boden der Cocotte etwas Mehl, formen Sie den Teig erneut zu einem Laib und legen Sie ihn hinein. Legen Sie ein Tuch über die Cocotte und lassen Sie den Teig erneut 30 bis 60 Minuten gehen. Schneiden Sie das Brot dann einige Male mit einem Messer ein.

5 Stellen Sie die Cocotte mit Deckel in den Backofen und schieben Sie ein Backblech auf die Schiene darunter. Backen Sie das Brot jetzt für 65 Minuten bei 220 °C Ober-/Unterhitze.

6 Nehmen Sie die Cocotte heraus und nehmen Sie den Deckel ab. Nehmen Sie das Brot erst nach ein paar Minuten heraus und lassen Sie es auf einem Rost oder Gitter abkühlen.

# HEFEZOPF

1 Port.

1 Tag

Mittel

**Zutaten**

20 g frische Hefe
2 Eier
½ TL Meersalz
100 g Dinkelmehl
1 Zitrone (der Abrieb davon)
Etwas Mehl für die Arbeitsfläche
4 EL Rohrzucker
50 g Rosinen
250 ml Milch
60 g Zucker
400 g Weizenmehl
80 g weiche Butter
Etwas Vanille nach Belieben
Butter zum Einfetten
Etwas dunkler Rum

**Nährwerte p. P.**

*156 kcal*
*25 g Kohlenhydrate*
*5 g Fett*
*4 g Eiweiß*

1 Sieben Sie zunächst Dinkel- und Weizenmehl auf die Arbeitsfläche und drücken Sie eine Mulde in die Mitte. Erhitzen Sie die Milch lauwarm und rühren Sie sie mit Hefe und Zucker glatt. Gießen Sie sie dann in die Mulde hinein. Geben Sie die Eier dazu sowie auch die Vanille, den Zitronenabrieb und das Salz. Vermischen Sie alles gründlich.

2 Kreisen Sie mit den Fingern von innen nach außen und arbeiten Sie die Milch in das Mehl ein. Kneten Sie den Teig anschließend kräftig mit den Händen und lassen Sie ihn dann 15 Minuten lang ruhen.

3 Arbeiten Sie anschließend die Butterwürfel in den Teig ein, geben Sie ihn in eine Schüssel, decken Sie ihn ab und lassen Sie ihn über Nacht an einem kühlen Ort gehen.

4 Legen Sie die Rosinen in 40 ml Rum ein. Stellen Sie den Teig an einen warmen Ort, etwa 2 Stunden, bevor Sie ihn verarbeiten möchten. Bemehlen Sie eine Arbeitsfläche und kneten Sie den Teig erneut durch. Teilen Sie ihn in drei Teile und rollen Sie jedes Teil zu etwa 10 x 30 cm aus. Decken Sie die Teile erneut ab und lassen Sie sie jetzt für 10 Minuten ruhen.

5 Schneiden Sie nun alle Teile in je zwei Hälften, also 5 x 30 cm. Schneiden Sie sie an einem Ende nicht ganz durch, sodass sie dort noch zusammenhängen. Flechten Sie nun jedes Teil mit den zwei Strängen zu drei Zöpfen.

6 Fetten Sie die Cocotte ein und bestreuen Sie sie mit dem Rohrzucker. Legen Sie die Zöpfe hinein und begießen Sie sie mit etwas Milch. Verteilen Sie die Rosinen darüber. Legen Sie den Deckel auf und lassen Sie die Zöpfe weitere 60 Minuten gehen.

7 Heizen Sie den Backofen nun auf 160 °C Ober-/Unterhitze vor. Die Zöpfe sollten nun etwa doppelt so dick sein. Backen Sie Ihre Hefezöpfe für etwa 30 Minuten.

# GRILL-BROT AUS DEM TOPF

4 Port.

1 Tag

Mittel

**Zutaten**

450 ml lauwarmes Wasser
2 TL Salz
10 g frische Hefe
650 g Weizen- oder Dinkelmehl
250 ml Malzbier
1 TL Zucker
Etwas Pflanzenöl

**Nährwerte p. P.**

*245 kcal*
*41 g Kohlenhydrate*
*4 g Fett*
*8 g Eiweiß*

1 Bereiten Sie zunächst den Teig vor. Lösen Sie hierfür die Hefe in lauwarmem Wasser auf und geben Sie das Malzbier dazu. Vermischen Sie Mehl mit Zucker und Salz in einer großen Schüssel, geben Sie die Hefe-Mischung dazu und vermischen (nicht kneten) Sie alles rasch. Der Teig sollte jetzt zähflüssig sein. Decken Sie den Teig ab und lassen Sie ihn mindestens 12 Stunden lang gehen.

2 Fetten Sie jetzt die Cocotte mit Pflanzenöl ein und geben Sie den Teig vorsichtig hinein. Legen Sie den Deckel auf und stellen Sie die Cocotte nun auf den Grillrost. Backen Sie Ihr Brot nun für etwa 70 bis 80 Minuten auf dem Grill. Nehmen Sie dann den Deckel herunter und backen Sie das Brot für weitere 30 bis 40 Minuten, damit die Kruste schön knusprig wird.

3 Anschließend lösen Sie das Brot aus der Cocotte und lassen es abkühlen. Je nach Art des Grills kann die Backzeit unterschiedlich sein. Machen Sie daher immer mal wieder eine Stäbchenprobe.

# AMERICAN CORN BREAD

1 Port.

40 Min.

Mittel

**Zutaten**

½ TL Natron
250 ml Buttermilch
8 EL zerlassene Butter
160 g Maismehl
50 g weißer Zucker
2 TL Backpulver
80 ml Milch
2 leicht verschlagene Eier

**Nährwerte p. P.**

*330 kcal*
*54 g Kohlenhydrate*
*10 g Fett*
*7 g Eiweiß*

1 Heizen Sie den Ofen auf 220 °C Unterhitze, alternativ Ober/ Unterhitze vor und stellen Sie die leere Cocotte hinein.

2 Geben Sie Backpulver, Salz, Zucker, Weizenmehl und Maismehl in eine Schüssel und vermischen Sie die Menge. Geben Sie dann Eier, Buttermilch und Milch dazu und verrühren Sie die Mischung gründlich. Rühren Sie dann 7 EL der Butter in den Teig hinein.

3 Nehmen Sie die Cocotte aus dem Ofen und reduzieren Sie die Hitze auf 190 °C. Fetten Sie Boden und Seiten mit der übrigen Butter ein. Gießen Sie dann den Teig in die heiße Cocotte und backen Sie das Brot für 25 Minuten. Machen Sie die Stäbchenprobe, indem Sie mit einem Holzstäbchen in das Brot hineinpiksen. Das Brot ist fertig, wenn das Stäbchen sauber wieder herauskommt.

4 Lassen Sie das Brot für etwa 15 Minuten abkühlen und servieren Sie es in der Cocotte.

# EICHELBROT MIT SAUERTEIG

1 Port.

1 Tag

Mittel

**Zutaten**

300 g Roggenmehl
200 g Eichelmehl
200 g Roggensauerteig
500 g Dinkelmehl
600 ml lauwarmes Wasser
10 g Kümmel
12 g Hefe
23 g Salz
5 g Roggenschrot
1 Prise Pfeffer

**Nährwerte p. P.**

*197 kcal*
*41 g Kohlenhydrate*
*1 g Fett*
*6 g Eiweiß*

1 Geben Sie die Mehle mit dem Sauerteig in eine Schüssel. Lösen Sie die Hefe in etwa 100 ml lauwarmem Wasser auf und geben Sie Kümmel sowie Salz und Pfeffer dazu. Rühren Sie nun die Hefe-Mischung sowie das übrige Wasser in die Mehl-Mischung ein. Lassen Sie den Teig über Nacht gehen.

2 Stellen Sie am nächsten Tag die leere Cocotte in den Backofen und heizen Sie diesen auf 250 °C Ober/ Unterhitze vor. Falten Sie den Teig auf dem Roggenschrot und geben Sie ihn dann in die Cocotte, entweder auf Backpapier oder die Cocotte wird vorher eingefettet. Legen Sie den Deckel auf und stellen Sie die Cocotte auf die mittlere Schiene. Backen Sie das Brot zunächst 15 Minuten lang und ritzen Sie es dann einmal ein.

3 Senken Sie die Temperatur auf 220 °C und backen Sie das Brot für 40 bis 60 Minuten weiter. Wenden Sie zwischendurch die Klopfprobe an. Klingt das Brot hohl, ist es fertig. Möchten Sie eine harte Kruste erzeugen, nehmen Sie den Deckel 10 Minuten vor Ende der Backzeit ab.

# Suppen & Eintöpfe

# HERZHAFTE KARTOFFELSUPPE

4 Port.

1 Std.

Leicht

**Zutaten**

2 Zwiebeln
800 g Kartoffeln
200 g Schweineschmalz
Etwas Majoran
Etwas Petersilie
4 Möhren
½ Stange Lauch
2 Liter Brühe
4 Bratwürste
Pfeffer und Salz

**Nährwerte p. P.**

*444 kcal*
*38 g Kohlenhydrate*
*24 g Fett*
*18 g Eiweiß*

1 Waschen Sie Möhren und den Lauch, schneiden Sie den Lauch in Ringe und die Möhren in zarte Scheiben. Schälen und würfeln Sie die Zwiebeln. Geben Sie den Schmalz in eine Cocotte und rösten Sie Lauch, Möhren und Zwiebeln darin an. Gießen Sie die Brühe dazu und kochen Sie die Menge auf.

2 Schälen und würfeln Sie jetzt die Kartoffeln und geben Sie die Würfel sowie Pfeffer, Salz und Majoran mit in die Cocotte. Lassen Sie nun alles für 30 Minuten auf kleiner Flamme köcheln.

3 Schneiden Sie die Würste in etwas dickere Scheiben. Braten Sie die Bratwürste separat in etwas Schmalz an. Waschen und hacken Sie die Petersilie. Drehen Sie die Flamme der Cocotte herunter, sodass die Suppe nicht mehr kocht. Geben Sie dann Bratwurst und gehackte Petersilie zur Suppe.

# REIS-HÜHNCHEN-SUPPE

2 Port.

45 Min.

Leicht

**Zutaten**

150 g Wildreis
4 fein geschnittene Knoblauchzehen
1 rote Chili, in Ringe geschnitten
600 ml Hühnerbrühe
2 Hühnerbrustfilets ohne Knochen und Haut
Etwas Meersalz und schwarzer Pfeffer
150 g brauner Reis
2 EL Olivenöl
1 Stückchen Ingwer, in Stifte geschnitten
6 Stangen Frühlingszwiebeln
240 ml Wasser
1 Zitrone, Abrieb und Saft
Eine Handvoll geröstete Erdnüsse

**Nährwerte p. P.**

*664 kcal*
*84 g Kohlenhydrate*
*24 g Fett*
*25 g Eiweiß*

1 Waschen Sie den Reis in einer Schüssel ab und gießen Sie das Wasser durch ein Sieb ab. Wiederholen Sie diesen Vorgang zwei weitere Male, um die Stärke abzuspülen. Bereiten Sie die Zutaten, wie in der Zutatenliste angegeben, vor.

2 Geben Sie das Olivenöl in die Cocotte und erhitzen Sie es langsam bei mittlerer Hitze. Rösten Sie Knoblauch, Ingwer und Chili nach und nach darin an. Nehmen Sie alles aus der Cocotte heraus und stellen Sie es zur Seite.

3 Schneiden Sie die Frühlingszwiebeln in Ringe und dünsten Sie sie jetzt die in der Cocotte an. Geben Sie dann die Hälfte der Knoblauch-Mischung dazu. Fügen Sie beide Reis-Sorten hinzu und gießen Sie das Wasser sowie die Brühe hinein. Legen Sie den Deckel auf und lassen Sie die Menge 5 Minuten lang köcheln.

4 Waschen Sie das Fleisch ab und tupfen Sie es trocken. Geben Sie dann Fleisch und Zitronenabrieb in die Cocotte und erhöhen Sie die Hitze. Pochieren Sie alles für etwa 15 Minuten. Nehmen Sie die garen Filets heraus und reduzieren Sie die Hitze wieder auf mittlere Stufe. Geben Sie den Zitronensaft dazu und würzen Sie kräftig mit Pfeffer und Salz. Legen Sie den Deckel wieder auf und garen Sie die Menge für weitere 10 Minuten. Geben Sie hier nach Belieben mehr Brühe dazu, falls der Reis sehr viel Flüssigkeit aufgenommen hat.

5 Lassen Sie die Suppe bis etwa 5 Minuten vor dem Servieren in der Cocotte, damit alles gut durchziehen kann.

6 Reißen Sie nun mit zwei Gabeln die leicht abgekühlten Filets auseinander und in kleine Stücke. Servieren Sie jetzt die Reis-Suppe mit Hühnchenfleisch, einem Spritzer Zitronensaft sowie mit gerösteten Erdnüssen. Garnieren Sie mit der Knoblauch-Mischung.

# SPARGELSUPPE MIT CRUMBLE

4 Port.

50 Min.

Leicht

**Zutaten**

500 g grüner Spargel
1 Knoblauchzehe
1 Zitrone
200 ml Sahne
Pfeffer und Salz
500 g weißer Spargel
1 rote Zwiebel
2 EL Olivenöl
800 ml Gemüsebrühe
1 Prise Muskat

**Zudem:**
1 EL Butter
½ Bund Petersilie
4 Scheiben Pumpernickel
1 TL grobes Meersalz

**Nährwerte p. P.**

*160 kcal*
*4 g Kohlenhydrate*
*16 g Fett*
*2 g Eiweiß*

1 Heizen Sie zunächst den Backofen auf 180 °C Umluft vor und legen Sie ein Backblech mit Backpapier aus.

2 Waschen Sie den Spargel, schneiden Sie die Enden ab. Schälen Sie den weißen Spargel und schneiden Sie alle Stangen in Drittel. Schälen und zerkleinern Sie die Zwiebel. Schälen Sie den Knoblauch und halbieren Sie ihn. Geben Sie alles zusammen in eine Schüssel und vermischen Sie es mit Olivenöl.

3 Pressen Sie die Zitrone aus und geben Sie den Saft mit zum Spargel. Geben Sie die Menge in die Cocotte und garen Sie alles für 20 Minuten im Backofen.

4 Erhitzen Sie währenddessen die Sahne und die Gemüsebrühe in einem Topf. Legen Sie dann einige gebackene Spargel-Stangen für später zur Seite. Pürieren Sie die übrige Spargelmenge in der Cocotte und gießen Sie mit der Hälfte der Sahne-Mischung auf. Würzen Sie mit Pfeffer, Salz und Muskat. Geben Sie jetzt beliebig viel der übrigen Sahne-Mischung dazu.

5 Schmelzen Sie nun die Butter in einer Pfanne. Zerbröseln Sie die Pumpernickel-Scheiben mit den Fingern und rösten Sie die Brösel in der Pfanne an, geben Sie das Natron dazu. Waschen und hacken Sie die Petersilie und rühren Sie sie mit etwas Salz zum Pumpernickel.

6 Verteilen Sie die heiße Suppe aus der Cocotte auf die Teller und garnieren Sie mit Pumpernickel-Crumble.

# GRAUPENGEMÜSE-SUPPE

2 Port. 45 Min. Leicht

**Zutaten**

1 EL Butter
1 kleine, geriebene Kartoffel
2 gewürfelte Karotten
1 gewürfelte Zwiebel
Milch nach Belieben
½ Liter Gemüsebrühe
500 ml kochendes Wasser
1 gewürfelte Kartoffel
1 gewürfelte Schalotte
125 g Perlgraupen
2 Wiener Würstchen
Etwas Pfeffer, Salz und Muskat

**Nährwerte p. P.**

*295 kcal*
*37 g Kohlenhydrate*
*12 g Fett*
*10 g Eiweiß*

1 Geben Sie die Graupen in ein Sieb und spülen Sie sie ab. Nun geben Sie die Graupen in die Cocotte hinein, füllen 500 ml kochendes Wasser dazu, mischen Salz hinein und bringen die Menge zum Kochen. Stellen Sie den Herd dann auf die niedrigste Stufe. Lassen Sie die Graupen etwa 25 Minuten lang quellen. Nehmen Sie die Graupen dann heraus und spülen Sie sie erneut ab. Bereiten Sie die übrigen Zutaten nach der Zutatenliste vor.

2 Geben Sie jetzt 1 EL Butter in die Cocotte, erhitzen Sie die Butter und dünsten Sie die Zwiebel darin an. Geben Sie die Karotten und die gewürfelte Kartoffel dazu, dünsten Sie sie kurz mit. Löschen Sie dann mit der Brühe ab. Geben Sie jetzt die geriebene Kartoffel zum Binden dazu und lassen Sie alles für 15 Minuten köcheln. Rühren Sie zwischendurch um.

3 Geben Sie die Graupen dazu, sobald das Gemüse gar ist. Schmecken Sie mit Pfeffer, Salz und Muskat ab. Sollte die Suppe zu dick sein, geben Sie etwas Milch dazu. Schneiden Sie die Würstchen jetzt in Stücke und geben Sie sie in die Suppe hinein. Noch einmal kurz aufkochen und fertig.

# ZWIEBELSUPPE NACH FRANZÖSISCHER ART

4 Port.

24 Min.

Leicht

**Zutaten**

1 Knoblauchzehe
1 ½ TL Gemüsesuppenpulver
5 EL Weißwein
1 Scheibe Toastbrot
1 Lorbeerblatt
130 g Zwiebeln
250 ml Wasser
1 TL Butter
½ TL Mehl
50 g Bergkäse
1 Prise Muskat
1 Msp. getrockneter Thymian
Etwas Salz und Pfeffer

**Nährwerte p. P.**

*43 kcal*
*5 g Kohlenhydrate*
*2 g Fett*
*3 g Eiweiß*

1 Vermischen Sie zunächst das Wasser mit dem Gemüsesuppenpulver. Schneiden Sie den Käse in Scheiben. Schälen Sie Knoblauch und Zwiebeln. Schneiden Sie die Zwiebeln in Ringe und halbieren Sie den Knoblauch.

2 Dünsten Sie die Zwiebelringe in der Butter in der Cocotte glasig an. Erhöhen Sie die Hitze und braten Sie die Zwiebeln braun. Zerdrücken Sie eine Hälfte der Knoblauchzehe und braten Sie sie kurz mit. Bestäuben Sie nun alles mit dem Mehl und löschen Sie mit dem Weißwein ab.

3 Gießen Sie mit der Gemüsesuppe auf und würzen Sie mit Pfeffer, Salz und Muskat. Geben Sie das Lorbeerblatt dazu. Lassen Sie alles für 15 Minuten köcheln und nehmen Sie dann das Lorbeerblatt heraus. Toasten Sie das Toastbrot und reiben Sie es beidseitig mit der übrigen halben Knoblauchzehe ein.

4 Belegen Sie die Suppe nun mit dem Käse und stellen Sie die Cocotte in den vorgeheizten Backofen. Garen Sie alles für 5 Minuten auf 180 °C Umluft. Garnieren Sie anschließend mit dem Thymian.

# EINTOPF MIT SCHWEINEFLEISCH UND SPECK

10 Port.

2 Std. 20 Min.

Leicht

**Zutaten**

400 g geräucherter, durchwachsener Speck
2 kg mageres Schweinegulasch
200 g Schmand
225 ml Tomatenketchup
Pfeffer und Salz
3 Stiele Thymian
600 g Zwiebeln
600 g Cabanossi
2 Dosen Tomaten
250 g Schlagsahne
1 TL getrockneter Thymian

**Nährwerte p. P.**

*600 kcal*
*13 g Kohlenhydrate*
*43 g Fett*
*36 g Eiweiß*

1 Schälen Sie die Zwiebeln und schneiden Sie sie in Ringe. Schneiden Sie Cabanossi und den Speck in dicke Scheiben. Geben Sie alles zusammen mit den Tomaten samt Saft und dem Gulasch in die Cocotte.

2 Verrühren Sie den Ketchup mit dem Schmand sowie der Sahne und würzen Sie die Mischung mit Pfeffer, Salz und getrocknetem Thymian. Gießen Sie die Sauce über das Fleisch in der Cocotte. Heizen Sie den Backofen vor und lassen Sie die Menge abgedeckt für 2 Stunden bei 175 °C Umluft schmoren. Nehmen Sie 30 Minuten vor Ende der Garzeit den Deckel herunter.

3 Waschen Sie den Thymian, schütteln Sie ihn trocken und hacken Sie ihn. Garnieren Sie Ihren Eintopf zuletzt mit dem Thymian.

# SCHWEINEBRATEN MIT BIERSAUCE

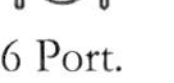

6 Port. | 2 Std. 25 Min. | Leicht

**Zutaten**

1 kg Schweinefleisch, in Würfel geschnitten
2 Karotten, in Scheiben geschnitten
350 ml Bier
1 Lorbeerblatt
1 EL Zitronensaft
4 Scheiben Toastbrot
1 EL scharfer Senf
4 Scheiben Speck, in Stücke geschnitten
2 gewürfelte Zwiebeln
2 Stangen Sellerie, in Scheiben geschnitten
150 ml Fleischbrühe
Salz und gemahlener Pfeffer
250 g Erbsen
60 g Butter

**Nährwerte p. P.**

*251 kcal*
*52 g Kohlenhydrate*
*1 g Fett*
*7 g Eiweiß*

1 Bereiten Sie die Zutaten nach der Zutatenliste vor.

2 Braten Sie zunächst den Speck in der Cocotte kross, nehmen Sie ihn heraus und stellen Sie ihn zur Seite. Braten Sie jetzt das Fleisch an. Geben Sie die Zwiebeln in den Topf dazu und braten Sie sie glasig an. Geben Sie den Speck wieder dazu und schichten Sie ihn auf das Fleisch. Fügen Sie jetzt die Gewürze, das Gemüse, das Lorbeerblatt, die Brühe und das Bier hinzu und lassen Sie alles auf niedriger Hitze für 2 Stunden köcheln. Geben Sie dann die Erbsen sowie den Zitronensaft dazu und lassen Sie die Menge für 5 weitere Minuten köcheln.

3 Vermischen Sie währenddessen die Butter mit dem Senf und streichen Sie die Mischung auf die Toastbrote. Legen Sie die Brote dann mit der Butter nach unten auf die Erbsen in die Cocotte und köcheln Sie sie für 10 Minuten mit. Fertig!

# KLASSISCHER BAUERNTOPF

5 Port.

45 Min.

Leicht

**Zutaten**

500 g Kartoffeln
2 mittlere Möhren
1 Pck. passierte Tomaten
15 kleine Tomaten
800 ml Brühe
1 Becher Schmand
Edelsüßes Paprikapulver
Etwas Öl zum Anbraten
500 g gemischtes Hackfleisch
1 rote Paprika
1 Zwiebel
3 Knoblauchzehen
3 EL Tomatenmark
3 TL Majoran
Pfeffer und Salz
Frische Petersilie

**Nährwerte p. P.**

*282 kcal*
*12 g Kohlenhydrate*
*17 g Fett*
*17 g Eiweiß*

1 Schälen Sie zunächst die Zwiebel und schneiden Sie Kartoffeln und Zwiebel klein. Schneiden Sie die Möhren in Scheiben und die Paprika in Würfel. Vierteln Sie die Tomaten, schälen und hacken Sie den Knoblauch.

2 Erhitzen Sie jetzt etwas Öl in der Cocotte und braten Sie das Hackfleisch an. Geben Sie die Zwiebel dazu und dünsten Sie sie glasig an. Fügen Sie anschließend Möhren und Paprika hinzu und dünsten Sie beides kurz mit. Geben Sie jetzt den Knoblauch dazu und dünsten Sie ihn ebenfalls kurz mit an.

3 Nun geben Sie das Tomatenmark in die Mitte der Menge und rösten es an. Dann vermischen Sie es mit der Menge. Geben Sie dann die Tomaten dazu und erwärmen Sie alles zusammen.

4 Danach geben Sie Kartoffeln sowie passierte Tomaten mit in die Cocotte und gießen mit der Brühe auf.

5 Würzen Sie die Menge jetzt und lassen Sie sie für etwa 30 Minuten köcheln. Legen Sie den Deckel auf die Cocotte, nehmen Sie diesen aber nach 15 Minuten Garzeit herunter.

6 Zuletzt schmecken Sie den Bauerntopf noch einmal ab und würzen eventuell nach. Verteilen Sie die Menge dann auf die Teller und garnieren Sie jeden Teller mit etwas Schmand und frischer, gewaschener Petersilie.

# SCHASCHLIKTOPF

6 Port. | 3 Std. 10 Min. | Leicht

**Zutaten**

3 Zwiebeln
1 EL Currypulver
1 EL rosenscharfes Paprikapulver
500 ml Rinderfond
3 Lorbeerblätter
Pfeffer, Salz und Muskat
700 g Schweineschulter
2 EL Butterschmalz
1 EL edelsüßes Paprikapulver
200 g Tomatenmark
400 g Pizzatomaten
2 EL Orangenmarmelade

**Nährwerte p. P.**

*357 kcal*
*6 g Kohlenhydrate*
*26 g Fett*
*22 g Eiweiß*

1 Befreien Sie zunächst die Schweineschulter von Sehnen und Fett. Waschen Sie das Fleisch, tupfen Sie es trocken und schneiden Sie es dann in mundgerechte Würfel. Schälen und achteln Sie die Zwiebeln.

2 Erhitzen Sie jetzt das Butterschmalz in der Cocotte und braten Sie das Fleisch darin portionsweise an. Nehmen Sie es aus dem Topf und stellen Sie es zunächst zur Seite. Braten Sie jetzt die Zwiebeln im Bratfett an und legen Sie die Menge dann zum Fleisch.

3 Rösten Sie jetzt das Paprika- und Currypulver im Bratfett, geben Sie dann Tomaten, Rinderfond und Tomatenmark dazu und lassen Sie alles bei mittlerer Hitze für 10 Minuten köcheln. Pürieren Sie dann die Sauce (am besten mit einem Schneidstab) und geben Sie das Fleisch mit den Zwiebeln sowie die Lorbeerblätter dazu. Würzen Sie mit Muskat, Pfeffer und Salz. Kochen Sie die Menge kurz auf und geben Sie die Cocotte mit Deckel dann in den Backofen.

4 Garen Sie die Menge für 3 Stunden bei 130 °C Umluft.

5 Schmecken Sie den Schaschliktopf kurz vor dem Servieren mit der Orangenmarmelade ab.

# UNGARISCHE SUPPE MIT RIND UND PAPRIKA

4 Port.

2 Std.

Leicht

**Zutaten**

2 Zwiebeln
1 rote Paprika
1 EL Tomatenmark
1 EL rosenscharfes Paprikapulver
750 ml Gemüsebrühe
½ TL Kümmel
400 g Rindergulasch
1 gelbe Paprika
3 EL Olivenöl
1 EL edelsüßes Paprikapulver
250 ml Rotwein
425 ml gestückelte Dosentomaten
½ Bund Petersilie
Pfeffer und Salz

**Nährwerte p. P.**

*56 kcal*
*2 g Kohlenhydrate*
*3 g Fett*
*5 g Eiweiß*

1 Schälen Sie die Zwiebeln und schneiden Sie sie in dünne Ringe. Waschen Sie die Paprika, nehmen Sie das Kerngehäuse heraus und schneiden Sie die Paprika dann in Würfel.

2 Erhitzen Sie das Öl in der Cocotte und braten Sie das Fleisch darin scharf an. Würzen Sie es dann mit Pfeffer und Salz. Fügen Sie die Zwiebeln hinzu, braten Sie sie mit an und geben Sie dann das Tomatenmark in die Menge hinein. Rösten Sie alles für 2 Minuten an und würzen Sie dann mit dem Paprikapulver. Rösten Sie die Menge für 2 weitere Minuten und löschen Sie dann mit etwas Rotwein ab. Lassen Sie die Suppe dann köcheln.

3 Geben Sie jetzt den übrigen Rotwein dazu. Nach etwa 4 Minuten können Sie die Gemüsebrühe, die Tomaten und die Paprika in die Suppe geben, etwas Hitze wegnehmen und alles für 1,5 Stunden schmoren lassen. Waschen und hacken Sie währenddessen die Petersilie.

4 Zuletzt schmecken Sie die Suppe mit Pfeffer, Salz und Kümmel ab und garnieren mit der Petersilie.

# GEFLÜGELTOPF

6 Port.

2 Std.

Mittel

**Zutaten**

Etwas frisch gemahlener Pfeffer
4 EL Pflanzenöl
4 Zwiebeln
1200 ml Geflügelbrühe
2 kleine Dosen weiße Riesenbohnen
2 EL Sesamöl
3 TL Zitronensaft
1 Baguette
Etwas Salz
2 Maishähnchen
Edelsüßes Paprikapulver
150 g Chorizo
4 Knoblauchzehen
500 g grüne Bohnen
1,2 kg Kartoffeln
Etwas Thymian
2 EL Sesammus

**Nährwerte p. P.**

*562 kcal*
*17 g Kohlenhydrate*
*13 g Fett*
*13 g Eiweiß*

1 Vierteln Sie das Hähnchen, waschen Sie es gründlich und würzen Sie mit Pfeffer, Salz und Paprikapulver. Geben Sie etwas Pflanzenöl in die Cocotte und braten Sie das Hähnchen von allen Seiten an. Nehmen Sie es dann heraus. Schneiden Sie die Chorizo in Scheiben, schälen Sie Knoblauch und Zwiebeln und würfeln Sie diese. Zerdrücken Sie 3 der Knoblauchzehen und legen Sie eine Zehe zur Seite. Geben Sie Chorizo, 2 Knoblauchzehen sowie die Zwiebeln in das Bratfett und braten Sie alles an.

2 Geben Sie jetzt das Hähnchen wieder dazu, gießen Sie mit der Brühe auf und kochen Sie die Menge ein. Lassen Sie alles für etwa 60 Minuten garen. Waschen Sie die grünen Bohnen und lassen Sie die Riesenbohnen abtropfen. Schälen Sie die Kartoffeln und schneiden Sie sie in Würfel. Geben Sie die Kartoffeln sowie die grünen Bohnen nach etwa 30 Minuten mit in die Cocotte und garen Sie sie mit.

3 Geben Sie die Hälfte der Riesenbohnen sowie eine Knoblauchzehe, Thymian, Sesammus und -öl sowie Zitronensaft zusammen und pürieren Sie die Menge. Schmecken Sie den Hummus dann mit Pfeffer und Salz ab. Schneiden Sie das Baguette in Scheiben und rösten Sie es im Backofen bei 140 °C Umluft für 5 Minuten.

4 Reiben Sie das Baguette mit der letzten Knoblauchzehe ein und geben Sie die übrigen weißen Bohnen mit in die Cocotte. Erhitzen Sie die Menge noch einmal kurz und schmecken Sie erneut mit Pfeffer und Salz ab. Servieren Sie Ihren Eintopf mit Hummus und Baguette.

# GRIEßNOCKEN-TOPF

4 Port.

45 Min.

Leicht

**Zutaten**

500 g Möhren
200 g Feinfrost-Bohnen
100 g Feinfrost-Erbsen
Etwas Tabasco
Etwas frische Petersilie
200 ml Gemüsebrühe
1 rote Paprika
100 g Lauch
Pfeffer und Salz
100 g fertige Grießnocken

**Nährwerte p. P.**

*154 kcal*
*18 g Kohlenhydrate*
*3 g Fett*
*4 g Eiweiß*

1 Waschen Sie zuerst das Gemüse. Entfernen Sie das Kerngehäuse der Paprika, schneiden Sie den Lauch in Ringe, die Paprika und die Möhren in Würfel.

2 Geben Sie die Gemüsebrühe in die Cocotte und bringen Sie sie zum Kochen. Geben Sie Lauch und Möhren dazu und kochen Sie sie für 5 Minuten mit. Dann fügen Sie das Feinfrost-Gemüse sowie die Paprika hinzu und kochen alles zusammen für weitere 10 Minuten. Das Gemüse sollte bissfest werden.

3 Schmecken Sie jetzt mit Tabasco, Salz und Pfeffer ab. Vor dem Servieren geben Sie die Grießnocken dazu. Waschen und hacken Sie die Petersilie, garnieren Sie zuletzt Ihren Eintopf damit.

# BÄRLAUCH-ZWIEBELSUPPE

4 Port.

40 Min.

Leicht

**Zutaten**

5 Kartoffeln
1 Liter Gemüsebrühe
50 ml Sahne
2 EL Butter
100 g frischer Bärlauch
1 Zwiebel
Pfeffer und Salz

**Nährwerte p. P.**

*260 kcal*
*24 g Kohlenhydrate*
*16 g Fett*
*5 g Eiweiß*

1 Zunächst schälen und würfeln Sie die Zwiebel. Schälen Sie auch die Kartoffeln und schneiden Sie sie in mundgerechte Stücke.

2 Schwitzen Sie dann die Zwiebel in Butter in der Cocotte an. Legen Sie 4 Bärlauch-Blätter beiseite. Gießen Sie mit der Gemüsebrühe auf und geben Sie den übrigen Bärlauch sowie die Kartoffeln dazu.

3 Schmecken Sie die Suppe mit Pfeffer und Salz ab und lassen Sie die Menge köcheln, bis die Kartoffeln gar sind.

4 Pürieren Sie die Suppe mit einem Mixer und rühren Sie anschließend die Sahne unter. Kochen Sie alles noch einmal kurz auf.

5 Garnieren Sie zuletzt mit den Bärlauch-Blättern.

# GRÜNE KARTOFFELSUPPE

4 Port.

40 Min.

Leicht

**Zutaten**

1 Zwiebel
1 Liter Gemüsebrühe
500 g frische Brennnessel-Blätter
200 g mehlige Kartoffeln
Etwas Salz und Pfeffer
2 EL Butter
6 Scheiben Ciabattabrot
1 EL Rapsöl
Crème fraîche

**Nährwerte p. P.**

*180 kcal*
*12 g Kohlenhydrate*
*11 g Fett*
*5 g Eiweiß*

1 Waschen Sie die Brennnesseln und entfernen Sie die Stiele. Hacken Sie dann die Blätter. Schälen Sie die Zwiebel und schneiden Sie diese in Streifen.

2 Schwitzen Sie die Zwiebel in der Cocotte mit etwas Öl an.

3 Schälen und würfeln Sie die Kartoffeln und geben Sie sie zur Zwiebel. Löschen Sie anschließend die Menge mit der Gemüsebrühe ab.

4 Geben Sie nun die Brennnessel-Blätter mit in die Cocotte und lassen Sie alles für 15 Minuten köcheln. Daraufhin pürieren Sie die Suppe mit einem Mixer und würzen hier mit Pfeffer und Salz.

5 Schneiden Sie das Ciabatta in kleine Würfel und rösten Sie es in der Butter goldbraun an.

6 Servieren Sie Ihre fertige Suppe mit den Ciabatta-Croûtons sowie der Crème fraîche.

# GRÜNE CREMESUPPE

4 Port.

55 Min.

Leicht

**Zutaten**

2 Knoblauchzehen
150 g Lauch
2 Stiele Petersilie
600 ml Gemüsebrühe
100 g Schlagsahne
1 Zwiebel
250 g mehlige Kartoffeln
200 g junger Spinat
2 EL Rapsöl
100 ml Crème fraîche
Pfeffer und Salz

**Nährwerte p. P.**

*247 kcal*
*17 g Kohlenhydrate*
*16 g Fett*
*5 g Eiweiß*

1 Schälen und hacken Sie die Knoblauchzehen sowie die Zwiebel. Waschen und schälen Sie die Kartoffeln und schneiden Sie sie in Würfel. Putzen Sie den Lauch und teilen Sie ihn in dünne Ringe. Waschen Sie den Spinat und schneiden Sie ihn ebenfalls klein. Waschen Sie auch die Petersilie, zupfen Sie die Blätter ab und stellen Sie sie beiseite.

2 Erhitzen Sie das Öl in einer Cocotte und dünsten Sie die Zwiebel darin an. Geben Sie dann den Lauch sowie die Kartoffeln dazu, dünsten Sie diese kurz mit und löschen Sie die Menge mit der Gemüsebrühe ab. Lassen Sie die Suppe für 25 Minuten kochen.

3 Geben Sie jetzt den Spinat dazu und kochen Sie ihn für etwa 2 Minuten mit. Anschließend pürieren Sie die Suppe.

4 Rühren Sie jetzt die Sahne sowie die Crème fraîche unter die Suppe. Schmecken Sie die Suppe mit Pfeffer und Salz ab und garnieren Sie sie mit den Blättern der Petersilie.

# SELLERIE-SUPPE

4 Port.

20 Min.

Leicht

**Zutaten**

2 rohe Avocados
5 Blätter Bärlauch
1 Prise schwarzer Pfeffer
1 Stange Staudensellerie
5 g kleiner Sauerampfer
Einige Veilchen und Gänseblümchen

**Nährwerte p. P.**

*182 kcal*
*12 g Kohlenhydrate*
*16 g Fett*
*3 g Eiweiß*

1 Waschen und trocknen Sie das Gemüse sowie die Kräuter. Schneiden Sie die Stiele der Gänseblümchen und Veilchen ab und legen Sie sie für das Garnieren zur Seite.

2 Entsaften Sie dann zunächst den Sellerie und pürieren Sie den Saft gemeinsam mit den Blättern sowie den Avocados.

3 Anschließend rühren Sie die Kräuter unter die Mischung, kochen die Menge in der Cocotte auf und pürieren die Menge warm noch einmal.

4 Verteilen Sie die Suppe auf die Teller und garnieren Sie sie mit den Blüten.

# MINZ-KÜRBISSUPPE

4 Port.

1 Std.

Leicht

**Zutaten**

200 g mehligkochende Kartoffeln
1 Knoblauchzehe
600 ml Gemüsebrühe
Pfeffer, Salz und Muskatnuss
4 Stiele Minze
200 ml Schlagsahne
4 kleine Speisekürbisse
1 Zwiebel
2 EL Butter
80 g geriebener Parmesan

**Nährwerte p. P.**

*369 kcal*
*18 g Kohlenhydrate*
*29 g Fett*
*11 g Eiweiß*

1 Putzen Sie die Kürbisse und schneiden Sie jeweils den Deckel ab. Entfernen Sie die Fasern sowie die Kerne und entnehmen Sie etwa 600 g des Fruchtfleischs.

2 Schälen und würfeln Sie die Kartoffeln. Schälen Sie Knoblauch und Zwiebel und hacken Sie sie klein. Würfeln Sie dann das Kürbisfleisch.

3 Erhitzen Sie die Butter in einer Cocotte und braten Sie Knoblauch und Zwiebel darin glasig an. Geben Sie die Kürbiswürfel dazu und braten Sie diese für 2 Minuten mit. Gießen Sie die Brühe an, fügen Sie die Kartoffeln hinzu und kochen Sie die Menge auf. Würzen Sie mit Muskatnuss, Pfeffer und Salz. Rühren Sie dann die Sahne unter die Menge.

4 Decken Sie die Cocotte ab und nehmen Sie etwas Hitze weg. Lassen Sie die Suppe für etwa 30 Minuten weiter kochen und rühren Sie zwischendurch um. Garnieren Sie zuletzt mit dem geriebenen Parmesan.

# PILZ-NUSS-SUPPE IN WEIẞWEIN

4 Port.

1 Std. 55 Min.

Leicht

**Zutaten**

50 g gemischte, getrocknete Pilze
300 g Austernpilze
½ Bund Salbei
1 EL Weizenmehl (Typ 405)
100 ml Weißwein
50 g Cashewkerne
3 Schalotten
600 g Champignons
100 g Steinpilze
3 EL natives Olivenöl
150 ml Schlagsahne
Pfeffer und Salz
50 g aromatische Walnüsse
700 ml Wasser

**Nährwerte p. P.**

*492 kcal*
*25 g Kohlenhydrate*
*35 g Fett*
*22 g Eiweiß*

1 Schälen und würfeln Sie zunächst die Schalotten. Zerkleinern Sie die getrockneten Pilze und weichen Sie sie für 10 Minuten in etwa 700 ml Wasser ein. Waschen Sie die frischen Pilze und zerkleinern Sie diese. Waschen und schütteln Sie den Salbei.

2 Erhitzen Sie 1 EL Öl in einer Cocotte und braten Sie die Schalotten darin glasig an, nehmen Sie sie dann heraus. Geben Sie das restliche Öl in die Cocotte hinein und braten Sie die Pilze darin nach und nach an. Bestäuben Sie sie mit dem Mehl.

3 Geben Sie jetzt die eingeweichten Pilze, das Wasser sowie die Schalotten zu den Pilzen in die Cocotte. Fügen Sie Salbei, Weißwein und Sahne dazu und würzen Sie mit Pfeffer und Salz. Lassen Sie die Menge für 20 Minuten bei mittlerer Hitze köcheln.

4 Hacken Sie die Walnüsse sowie die Cashewkerne und rösten Sie sie in einer Pfanne ohne Fett an. Nehmen Sie sie aus der Pfanne heraus und lassen Sie sie abkühlen.

5 Nehmen Sie die Suppe vom Herd, entfernen Sie die Salbeizweige und mischen Sie die Hälfte der Nüsse unter.

6 Richten Sie den Eintopf an und garnieren Sie mit den übrigen Nüssen.

# Hauptspeisen mit Fisch

# THUNFISCH MIT KARTOFFELBREI

2 Port.

55 Min.

Leicht

**Zutaten**

600 g mehligkochende Kartoffeln
200 g kleine Tomaten
Etwas Petersilie
Olivenöl
2 Thunfischfilets
2 Schalotten
Etwas Thymian
Pfeffer und Salz

**Nährwerte p. P.**

*278 kcal*
*19 g Kohlenhydrate*
*16 g Fett*
*14 g Eiweiß*

1 Schälen Sie zunächst die Kartoffeln und kochen Sie sie wie üblich in Salzwasser gar. Schälen und hacken Sie die Schalotten. Waschen Sie die Tomaten und schneiden Sie sie in Würfel. Nehmen Sie die Kartoffeln anschließend aus der Cocotte.

2 Spülen Sie die Thunfischfilets ab und tupfen Sie sie trocken. Geben Sie die Schalotten nun in die Cocotte und braten Sie sie in Öl glasig an. Nehmen Sie etwas Hitze weg und geben Sie dann die Fischfilets, die Tomaten sowie Kräuter nach Geschmack dazu. Würzen Sie mit Pfeffer und Salz.

3 Legen Sie den Deckel halb auf und dünsten Sie alles bei kleiner Hitze für etwa 30 Minuten. Gießen Sie bei Bedarf noch ein wenig Wasser dazu.

4 Pürieren Sie jetzt die Kartoffeln mit der Petersilie und etwas Olivenöl. Servieren Sie die Tunfischfilets mit Sud und dem Kartoffelbrei.

# FISCHFILET MIT FRISCHEM GEMÜSE

4 Port.

1 Std.

Mittel

**Zutaten**

1 Knolle Fenchel
4 Tomaten
1 Zwiebel
1 Chilischote
600 ml Fischfond
0,1 g Safran (1 Döschen)
Pfeffer und Salz
1 Staudensellerie
1 Stange Lauch
800 g gemischte Fischfilets (Wolfsbarsch, Seeteufel, Dorade)
2 Knoblauchzehen
2 EL Olivenöl
100 ml trockener Weißwein
Zitronensaft
1 EL frisch gehackte Petersilie

**Nährwerte p. P.**

*404 kcal*
*13 g Kohlenhydrate*
*11 g Fett*
*54 g Eiweiß*

1 Waschen Sie zunächst Lauch, Fenchel und Sellerie und schneiden Sie alles in feine Ringe und Streifen. Überbrühen Sie die Tomaten heiß, schrecken Sie sie ab, häuten Sie sie und schneiden Sie sie dann in Würfel.

2 Waschen Sie die Fischfilets und tupfen Sie sie trocken. Schneiden Sie alle Filets in mundgerechte Stücke. Schälen und würfeln Sie Zwiebel und Knoblauch. Waschen und hacken Sie die Chilischote. Schwitzen Sie Zwiebel und Knoblauch mit Lauch, Fenchel und Sellerie in heißem Öl in der Cocotte an. Löschen Sie die Menge dann mit Weißwein und Fischfond ab und lassen Sie die Menge für 15 Minuten köcheln.

3 Geben Sie dann Tomaten, Petersilie, Safran und Fisch dazu und lassen Sie alles zusammen für etwa 8 Minuten gar ziehen. Würzen Sie jetzt mit Pfeffer, Salz und Zitronensaft und schmecken Sie ab.

# RÄUCHERLACHS MIT EI UND KÄSE

1 Port.

20 Min.

Leicht

**Zutaten**

1 rote Paprikaschote
Etwas Butter
1 Ei
1 Scheibe Räucherlachs
Etwas Salz
1 EL geriebener Parmesan

**Nährwerte p. P.**

*302 kcal*
*7 g Kohlenhydrate*
*24 g Fett*
*16 g Eiweiß*

1 Waschen Sie die Paprika und schneiden Sie sie in kleine Stücke. Schneiden Sie den Räucherlachs in Streifen. Streichen Sie einen Eierkocher mit Butter aus, schlagen Sie das Ei auf und geben Sie es mit Lachs und Paprika in den Kocher hinein. Würzen Sie mit etwas Salz. Verschließen Sie den Eierkocher und stellen Sie ihn in die Cocotte. Füllen Sie die Cocotte so mit Wasser auf, dass der Eierkocher zur Hälfte im Wasser steht.

2 Heizen Sie das Wasser bis knapp unter den Siedepunkt auf und lassen Sie das Ei im Kocher für 12 Minuten ziehen.

3 Bereiten Sie währenddessen den Parmesan vor, indem Sie ihn auf ein Backblech mit Backpapier streuen und ihn im vorgeheizten Backofen bei 200° C Umluft schmelzen lassen. Nutzen Sie den geschmolzenen Käse nach dem Abkühlen als Garnitur für Ihr Ei im Kocher.

**Achtung:** Das Rezept funktioniert nur mit einer Spezialform des Eierkochers aus Porzellan oder Glas mit Deckel.

# SEELACHSFILET MIT GEMÜSE

4 Port.

30 Min.

Leicht

**Zutaten**

½ Zitrone, den Saft davon
2 Knoblauchzehen
1 Porreestange
3 Tomaten
Pfeffer und Salz
Johannisbrotkernmehl
500 g Seelachsfilet
2 Zwiebeln
1 EL Olivenöl
3 Paprikaschoten
50 ml Sahne
Etwas Basilikum

**Nährwerte p. P.**

*250 kcal*
*15 g Kohlenhydrate*
*8 g Fett*
*5 g Eiweiß*

1 Waschen Sie das Fischfilet ab und tupfen Sie es trocken. Pressen Sie die halbe Zitrone aus, säuern Sie das Filet damit und würzen Sie es mit Salz. Schneiden Sie den Fisch dann in mundgerechte Würfel.

2 Schälen und hacken Sie Knoblauch und Zwiebeln. Waschen Sie das Gemüse, schneiden Sie den Porree in Streifen, die Paprika ebenfalls und die Tomaten in kleine Stücke.

3 Erhitzen Sie nun die Cocotte, geben Sie das Öl hinein und schwitzen Sie Knoblauch und Zwiebeln darin an. Geben Sie dann das Gemüse dazu. Verrühren Sie die Menge und legen Sie dann die Fischstücke auf das Gemüse. Legen Sie den Deckel auf und garen Sie alles bei mittlerer Hitze für 10 Minuten.

4 Würzen Sie dann mit Basilikum, Pfeffer und Salz. Rühren Sie jetzt die Sahne unter die Menge und dicken Sie die Sauce mit Johannisbrotmehl an.

# KATALANISCHE MEERESFRÜCHTE MIT TOMATEN UND SAUCE

2 Port. 40 Min. Leicht

**Zutaten**

1 Knoblauchzehe
100 ml trockener, spanischer Weißwein
Etwas Salz
Etwas gemahlener Safran
150 g Fischfilet nach Wahl
1 Zwiebel
1 EL Olivenöl
1 Dose geschälte Tomaten (400 g)
250 g gemischte Meeresfrüchte
Etwas schwarzer Pfeffer
Getrocknete Chilibrösel
2 EL trockener Sherry
1 Lauchstange

**Nährwerte p. P.**

*358 kcal*
*9 g Kohlenhydrate*
*10 g Fett*
*7 g Eiweiß*

1 Schälen und würfeln Sie zunächst die Zwiebel. Putzen Sie den Lauch und schneiden Sie ihn in Ringe. Erhitzen Sie das Öl in der Cocotte, schälen Sie den Knoblauch und pressen Sie ihn hinein. Rühren Sie dann Lauch und Zwiebel dazu und schwitzen Sie alles kurz an. Fügen Sie die Tomaten hinzu und zerdrücken Sie sie leicht mit einem Löffel.

2 Gießen Sie die Menge nun mit dem Weißwein an und rühren Sie die Meeresfrüchte hinein. Würzen Sie mit den Chilibröseln, dem Safran, Pfeffer und Salz. Legen Sie den Deckel auf und lassen Sie die Menge für 10 Minuten köcheln.

3 Waschen Sie das Fischfilet ab und tupfen Sie es trocken. Schneiden Sie es in mundgerechte Stücke und würzen Sie mit Pfeffer und Salz. Verfeinern Sie nun alles mit dem Sherry und lassen Sie die Menge für weitere 3 Minuten leicht köcheln.

# KICHERERBSEN MIT GEMÜSE UND HEILBUTT

 4 Port.

 40 Min.

 Leicht

**Zutaten**

2 EL Zitronensaft
300 g Kichererbsen
1 Schalotte
400 g geschälte Tomaten
150 ml trockener Weißwein
Pfeffer, Salz und Paprikapulver
1 EL frisch gehackte Petersilie
600 g Heilbutt
1 Knolle Fenchel
2 Knoblauchzehen
2 EL Pflanzenöl
300 ml Fischfond
2 EL Kapern

**Nährwerte p. P.**

*382 kcal*
*19 g Kohlenhydrate*
*11 g Fett*
*42 g Eiweiß*

1 Waschen Sie zunächst den Fisch, tupfen Sie ihn trocken und säuern Sie ihn mit dem Zitronensaft. Waschen Sie den Fenchel, schneiden Sie den Strunk heraus und schneiden Sie den Fenchel dann in Streifen. Lassen Sie die Kichererbsen abtropfen.

2 Schälen Sie Knoblauch und Schalotte, würfeln Sie beides und schwitzen Sie beides in Öl in der Cocotte an. Geben Sie den Fenchel dazu, schwitzen Sie ihn kurz mit an und fügen Sie dann Wein, Fond und Tomaten dazu. Würzen Sie mit Paprikapulver, Pfeffer und Salz. Lassen Sie alles bei mittlerer Hitze für 25 Minuten köcheln.

3 Geben Sie jetzt den Fisch sowie die Kichererbsen dazu und schmecken Sie erneut mit Pfeffer und Salz ab. Mischen Sie die Kapern unter und garnieren Sie mit der Petersilie. Servieren Sie das Gericht in der Cocotte.

# LACHS UND SPARGEL AUS DER COCOTTE

4 Port.

50 Min.

Leicht

**Zutaten**

600 g Lachs
Pfeffer und Salz
1 kg Spargel

**Nährwerte p. P.**

*218 kcal*
*1 g Kohlenhydrate*
*14 g Fett*
*21 g Eiweiß*

1 Waschen Sie den Spargel gründlich ab, schneiden Sie beide Enden ab und schneiden Sie den Spargel dann in Hälften. Wässern Sie den Deckel der Cocotte für mindestens 10 Minuten. Legen Sie den Spargel hinein und legen Sie den Deckel auf. Stellen Sie die Cocotte nun in den kalten Backofen und garen Sie den Spargel bei 180 °C Umluft für 30 Minuten vor.

2 Waschen Sie währenddessen den Lachs, tupfen Sie ihn trocken und würzen Sie ihn mit Pfeffer und Salz. Nach den 30 Minuten Garzeit des Spargels legen Sie den Lachs darauf und schließen die Cocotte wieder. Dämpfen Sie nun alles für etwa 10 Minuten. Nehmen Sie den Deckel dann ab und garen Sie alles für weitere 10 Minuten offen.

3 Servieren Sie nach Bedarf eine leckere Sauce hollandaise dazu.

# KRÄUTER-RISOTTO

4 Port.

1 Std.

Mittel

**Zutaten**

1 EL Butter
300 g Risotto-Reis
750 ml Gemüsesuppe
3 EL Parmesan
4 Fischfilets
1 große Zwiebel
3 EL Olivenöl
200 ml Weißwein
1 Handvoll Ehrenpreis
1 Handvoll gemischte Kräuter (Leinkraut, Brennnessel, Giersch …)
2 EL kalte Butter
Salz und Pfeffer

**Nährwerte p. P.**

*655 kcal*
*62 g Kohlenhydrate*
*25 g Fett*
*38 g Eiweiß*

1 Schälen und hacken Sie die Zwiebel und dünsten Sie sie in der Cocotte in Öl an. Geben Sie den Reis dazu und schwitzen Sie alles zusammen glasig. Löschen Sie die Menge dann nach und nach mit dem Weißwein ab. Geben Sie die Gemüsesuppe dazu und kochen Sie den Reis bissfest.

2 Waschen und hacken Sie alle Kräuter.

3 Salzen und pfeffern Sie das Fischfilet und braten Sie es auf der Hautseite knusprig an. Wenden Sie es und braten Sie das Filet durch.

4 Mischen Sie jetzt die gehackten Kräuter, 2 EL kalte Butter sowie den Parmesan unter das Risotto.

5 Verteilen Sie das Risotto auf den Tellern und geben Sie die Fischfilets darauf.

# FISCHTOPF ITALIENISCHER ART

4 Port.

40 Min.

Leicht

**Zutaten**

500 g Fischfilet
250 g Garnelen
1 Zwiebel
2 EL Olivenöl
2 TL getrocknetes Basilikum
½ TL Thymian
Etwas Gemüsebrühe
1 kg frische Tomaten
2 EL Zitronensaft
4 Knoblauchzehen
200 ml Weißwein
1 TL getrockneter Rosmarin
1 TL gehackte Petersilie
Pfeffer und Salz

**Nährwerte p. P.**

*566 kcal*
*42 g Kohlenhydrate*
*26 g Fett*
*35 g Eiweiß*

1 Ritzen Sie die Tomaten mit einem Messer ein und legen Sie sie in eine Schüssel. Übergießen Sie die Tomaten mit heißem Wasser, schrecken Sie sie ab und häuten Sie sie. Spülen Sie Garnelen und Fisch ab und tupfen Sie sie trocken. Schneiden Sie den Fisch in mundgerechte Stücke und träufeln Sie den Zitronensaft darüber.

2 Beträufeln Sie auch die Garnelen mit dem Zitronensaft, schälen und hacken Sie Knoblauch und Zwiebel. Erhitzen Sie das Olivenöl in der Cocotte und dünsten Sie Knoblauch und Zwiebel darin glasig an. Geben Sie die Garnelen und den Fisch dazu und dünsten Sie alles unter Rühren für weitere 5 Minuten. Löschen Sie dann mit dem Weißwein ab und geben Sie alle Kräuter dazu.

3 Schneiden Sie die Tomaten grob in Würfel und geben Sie sie ebenfalls in die Cocotte. Lassen Sie alles für 10 Minuten kochen. Nach Bedarf können Sie jetzt noch etwas Gemüsebrühe dazugeben. Schmecken Sie mit Pfeffer und Salz ab.

# FISCH BRASILIANISCHER ART

4 Port.

50 Min.

Leicht

**Zutaten**

**Für den Fisch:**
1 EL Limettensaft
1 TL Salz
500 g Fischfilet
1 EL Olivenöl
½ TL schwarzer Pfeffer

**Für den Eintopf:**
1 rote Paprika
2 EL Olivenöl
1 TL Salz
1 ½ EL brauner Zucker
200 ml Fischfond
400 ml passierte Tomaten
2 EL Koriander
1 kleine Zwiebel
2 Knoblauchzehen
1 EL edelsüßes Paprikapulver
1 TL Cayennepfeffer
1 EL Kreuzkümmel
400 ml Kokosmilch
2 EL Limettensaft

**Nährwerte p. P.**

*209 kcal*
*32 g Kohlenhydrate*
*16 g Fett*
*18 g Eiweiß*

1 Waschen Sie zunächst den Fisch und tupfen Sie ihn trocken. Schneiden Sie die Filets in Würfel und legen Sie sie in eine Schüssel. Geben Sie auch den Limettensaft, das Olivenöl, Salz und Pfeffer in die Schüssel und vermischen Sie alles gut.

2 Waschen und entkernen Sie die Paprika und schneiden Sie sie dann in Streifen. Schälen und hacken Sie Knoblauch und Zwiebel.

3 Heizen Sie den Grill auf etwa 180 °C vor und stellen Sie die Cocotte darauf. Grillen Sie den Fisch mit der Marinade für etwa 6 Minuten darin und nehmen Sie alles wieder heraus.

4 Geben Sie das Olivenöl in die Cocotte und braten Sie Knoblauch und Zwiebel darin glasig an. Geben Sie die Paprika dazu und dünsten Sie diese. Löschen Sie die Menge mit der Kokosmilch, dem Fischfond und den passierten Tomaten ab und lassen Sie alles köcheln.

5 Geben Sie den Fisch wieder dazu und würzen Sie mit allen Gewürzen. Lassen Sie den Topf für weitere 5 Minuten köcheln, geben Sie gegen Ende den Koriander sowie den Limettensaft dazu.

# FISCH UND GARNELEN PORTUGIESISCHER ART

4 Port.

1 Std.

Mittel

**Zutaten**

2 gewürfelte Paprika (rot und gelb)
2 gehackte Zwiebeln
4 gewürfelte Tomaten
3 gehackte Knoblauchzehen
1 EL Tomatenmark
Pfeffer und Salz
10 große Garnelen
1 Bund Koriander, gehackt
Ein paar Venusmuscheln
130 ml Olivenöl
100 g Chorizo, in Scheiben
5 festkochende Kartoffeln, gewürfelt
2 Lorbeerblätter
250 ml Weißwein
400 g Rotbarschfilet
Eine Handvoll Miesmuscheln

**Nährwerte p. P.**

*372 kcal*
*27 g Kohlenhydrate*
*12 g Fett*
*44 g Eiweiß*

1 Säubern Sie die Venusmuscheln 2 Stunden vor der Zubereitung und legen Sie sie hierfür in warmes Salzwasser ein. Spülen Sie sie anschließend ab.

2 Bereiten Sie die übrigen Zutaten nach der Zutatenliste vor.

3 Dünsten Sie die Paprika mit 3 EL Öl in der Cocotte an. Geben Sie Zwiebeln sowie Chorizo dazu und braten Sie beides für einige Minuten mit. Schichten Sie dann Tomaten, Kartoffeln, Knoblauch und Lorbeerblätter in der Cocotte. Verrühren Sie das Tomatenmark mit dem Weißwein und dem übrigen Öl und gießen Sie die Menge in die Cocotte hinein. Würzen Sie kräftig mit Pfeffer und Salz, kochen Sie die Menge einmal auf und legen Sie dann den Deckel auf die Cocotte. Garen Sie alles für 20 Minuten auf kleiner Flamme.

4 Befreien Sie das Fischfilet von Gräten und Haut und schneiden Sie es in Würfel. Reinigen Sie die Miesmuscheln mit einer Bürste unter fließendem Wasser. Schneiden Sie die Garnelen am Rücken über dem Schwanzstück auf und entfernen Sie jeweils den Darm.

5 Nehmen Sie den Deckel von der Cocotte herunter und geben Sie beide Muscheln sowie die Garnelen hinein. Garnieren Sie alles mit dem gehackten Koriander, legen Sie den Deckel wieder auf und garen Sie alles für weitere 10 Minuten.

6 Servieren Sie Ihr Gericht in der Cocotte.

# Hauptspeisen mit Fleisch

# DÖNER-GEMÜSE-TOPF

4 Port.

1 Std.

Leicht

**Zutaten**

3 Zwiebeln, in Ringe geschnitten
¼ Rotkohlkopf, in Streifen geschnitten
50 ml Weinbrand
400 g Joghurt
½ Zitrone, der Saft davon
Olivenöl
Pfeffer und Salz
700 g Kalbsfleisch aus der Unterschale
3 gewürfelte Tomaten
300 ml Brühe
2 TL Tomatenmark
200 g Saure Sahne
1 Bund frischer Dill, gehackt
Döner-Gewürzmischung
1 Knoblauchzehe

**Nährwerte p. P.**

*450 kcal*
*10 g Kohlenhydrate*
*34 g Fett*
*23 g Eiweiß*

1 Bereiten Sie die Zutaten wie in der Zutatenliste vor.

2 Schneiden Sie zunächst das Fleisch in dünne Streifen und schnetzeln Sie es. Marinieren Sie es mit dem Dönergewürz sowie dem Olivenöl. Braten Sie das Fleisch nun portionsweise in der Cocotte an und nehmen Sie es anschließend heraus.

3 Braten Sie jetzt Knoblauch und Zwiebeln leicht an, geben Sie das Tomatenmark dazu und braten Sie es kurz mit. Löschen Sie mit dem Weinbrand ab und flambieren Sie die Menge. Gießen Sie die Brühe dazu und lassen Sie die Menge leicht köcheln.

4 Anschließend geben Sie Joghurt, Fleisch, Saure Sahne, Zitronensaft und Dill dazu und vermischen die Menge gründlich. Heben Sie dann den Rotkohl und die Tomaten unter. Würzen Sie jetzt mit Pfeffer und Salz, legen Sie den Deckel auf und lassen Sie alles für 5 Minuten köcheln.

# SCHWEINEFILET MIT CHAMPIGNONS

4 Port.

50 Min.

Leicht

**Zutaten**

8 Scheiben Bacon
3 Zwiebeln
200 ml Sahne
2 EL Tomatenmark
1 EL italienische Kräuter
Pfeffer und Salz
5 Stiele Petersilie
600 g Schweinefilet
2 EL Öl
300 g Champignons
200 g Schmand
1 Prise Paprikapulver
1 TL Gemüsebrühepulver

**Nährwerte p. P.**

*780 kcal*
*8 g Kohlenhydrate*
*65 g Fett*
*43 g Eiweiß*

1 Heizen Sie den Backofen auf 180 °C Ober-/Unterhitze vor. Säubern Sie das Fleisch und schneiden Sie es in 4 gleich große Stücke. Umwickeln Sie dann jedes Stück mit 2 Scheiben Bacon.

2 Fetten Sie die Cocotte nun mit etwas Öl ein und legen Sie das Fleisch hinein. Schälen und würfeln Sie die Zwiebeln, waschen Sie die Pilze und schneiden Sie diese in Scheiben. Erhitzen Sie das restliche Öl in einer Pfanne und schmoren Sie die Zwiebeln darin an.

3 Geben Sie dann die Pilze dazu und schmoren Sie diese kurz mit. Fügen Sie jetzt italienische Kräuter, Paprikapulver, Tomatenmark, Schmand und Sahne mit in die Pfanne. Würzen Sie mit dem Gemüsebrühepulver, Pfeffer und Salz und geben Sie die komplette Sauce nun über das Fleisch in die Cocotte.

4 Garen Sie die Menge nun für 30 Minuten im Ofen. Waschen und hacken Sie währenddessen die Petersilie und geben Sie diese über Ihr fertiges Gericht.

# FLEISCHBÄLLCHEN MIT KARTOFFELN

4 Port.

45 Min.

Leicht

**Zutaten**

2 gehackte Zwiebeln
500 g gewürfelte Karotten
300 ml Rinderbrühe
540 ml passierte Tomaten
2 Prisen Pfeffer
2 Prisen Salz
2 EL Olivenöl
2 Knoblauchzehen
500 g gewürfelte Kartoffeln
1 EL Paprikapulver

**Zudem:**
1 ½ EL Milch
2 EL frische, gehackte Petersilie
1 Ei
1 Scheiben Brot, ohne Rinde und in Stücken
300 g Rinderhackfleisch
2 weitere EL frische, gehackte Petersilie

**Nährwerte p. P.**

*395 kcal*
*49 g Kohlenhydrate*
*12 g Fett*
*30 g Eiweiß*

1 Bereiten Sie die Zutaten nach der Zutatenliste vor. Vermischen Sie dann das Brot mit der Milch in einer Schüssel und lassen Sie es 5 Minuten lang einweichen. Vermischen Sie Ei, Petersilie und Hackfleisch in einer weiteren Schüssel.

2 Drücken Sie das Brot aus und geben Sie es zum Hackfleisch. Würzen Sie mit Pfeffer und Salz und verkneten Sie die Menge gut. Formen Sie dann 16 etwa gleich große Bällchen aus der Menge und stellen Sie diese für 30 Minuten im Kühlschrank kalt.

3 Erhitzen Sie nun das Öl in der Cocotte und braten Sie die Fleischbällchen rundherum an. Nehmen Sie sie dann heraus und stellen Sie sie zur Seite. Braten Sie jetzt Knoblauch und Zwiebeln im Bratfett glasig an.

4 Geben Sie die Fleischbällchen, die Kartoffeln sowie die Karotten dazu, gießen Sie mit der Brühe an und lassen Sie die Menge aufkochen. Reduzieren Sie die Hitze, legen Sie den Deckel auf und lassen Sie alles für 15 Minuten köcheln.

5 Geben Sie dann die passierten Tomaten sowie das Paprikapulver dazu, legen Sie den Deckel wieder auf und lassen Sie alles für weitere 20 Minuten köcheln. Schmecken Sie mit Pfeffer und Salz ab und garnieren Sie mit der übrigen Petersilie.

# FASCHIERTES RIND MIT NUDELN

4 Port.

30 Min.

Leicht

**Zutaten**

500 g Nudeln
1 Becher Sauerrahm
1 Stk. Suppenwürfel
1 TL Paprikapulver
Pfeffer und Salz
500 g faschiertes Rind
1 Zwiebel
2 EL Petersilie
2 EL Senf
1 EL Öl zum Braten

**Nährwerte p. P.**

*612 kcal*
*56 g Kohlenhydrate*
*35 g Fett*
*34 g Eiweiß*

1 Braten Sie zunächst das Fleisch mit Öl scharf in der Cocotte an. Schälen und würfeln Sie währenddessen die Zwiebel und braten Sie diese mit. Würzen Sie die Menge mit Paprikapulver, Pfeffer, Salz und Senf. Geben Sie die Nudeln roh zur Fleischmenge.

2 Gießen Sie nun mit Wasser auf, sodass die Nudeln vollständig bedeckt sind, geben Sie den Suppenwürfel dazu. Kochen Sie die Menge auf, legen Sie den Deckel auf die Cocotte und lassen Sie alles für 10 Minuten köcheln.

3 Nehmen Sie den Deckel dann herunter und lassen Sie das Gericht für weitere 5 Minuten offen köcheln.

4 Rühren Sie zuletzt den Sauerrahm sowie die Petersilie unter die Menge.

# SCHICHTTOPF MIT PILZEN UND PAPRIKA

 4 Port.

 1 Tag

 Leicht

**Zutaten**

Etwas Butter
150 g Dörrfleisch
250 g Schweinegulasch
300 g Champignons
1 gelbe Paprika
2 Becher Sahne
500 g gemischtes Hackfleisch
1 Beutel Zwiebelsuppe
3 große Zwiebeln
250 g Rindergulasch
1 rote Paprika
1 Flasche Schaschliksauce

**Nährwerte p. P.**

*130 kcal*
*6 g Kohlenhydrate*
*8 g Fett*
*7 g Eiweiß*

1 Waschen Sie die Paprika, höhlen Sie sie aus und schneiden Sie sie in Stücke. Waschen Sie die Pilze und schneiden Sie diese in Scheiben. Schälen und würfeln Sie die Zwiebeln. Würfeln Sie ebenfalls das Dörrfleisch.

2 Schichten Sie nun alle Zutaten in eine Cocotte. Geben Sie nach jeder Schicht etwas Zwiebelsuppenpulver auf die Menge. Braten Sie das Hackfleisch zuvor in etwas Butter an und geben Sie es als erste Schicht hinein. Dann folgen Pilze, Zwiebeln, angebratenes Schweinefleisch, angebratenes Rindfleisch, dann folgt das Dörrfleisch und zuletzt die Paprika.

3 Verquirlen Sie dann die Sahne mit der Schaschliksauce und gießen Sie die Menge über die Schichten. Stellen Sie die Cocotte über Nacht im Kühlschrank kalt.

4 Am darauffolgenden Tag garen Sie alles für 2 Stunden im vorgeheizten Backofen bei 170 °C Umluft. Zusätzlich können Sie ganz nach Belieben Reis, Nudeln, Kartoffeln, Salat oder Baguette servieren.

# GESCHNETZELTES MIT JÄGERSAUCE

4 Port.

1 Tag

Leicht

**Zutaten**

3 TL Gewürzmischung für gebratenes Fleisch
200 g Lauch
150 g Zwiebeln
2 Pck. Jägersauce
1 kg Schweinegeschnetzeltes
10 Scheiben Käse
100 g frische Champignons
100 g geräucherter Speck
400 ml Schlagsahne

**Nährwerte p. P.**

*617 kcal*
*16 g Kohlenhydrate*
*39 g Fett*
*51 g Eiweiß*

1 Würzen Sie zunächst das Fleisch mit der Gewürzmischung und geben Sie es in die Cocotte. Belegen Sie das Fleisch dann mit dem Scheibenkäse.

2 Waschen Sie den Lauch und schneiden Sie ihn in Ringe. Schälen Sie die Zwiebeln und würfeln Sie Zwiebeln und Speck. Geben Sie alles mit dem Gemüse und den Pilzen in die Cocotte auf das Fleisch.

3 Verrühren Sie nun die Jägersauce mit der Sahne und lassen Sie alles für etwa 24 Stunden im Kühlschrank stehen.

4 Heizen Sie dann den Backofen auf 150 °C Umluft vor und garen Sie Ihr Gericht für 2 Stunden in der abgedeckten Cocotte. Nach einer Stunde rühren Sie zwischendurch immer mal wieder um.

# AUFLAUF MIT KARTOFFELN, FLEISCH UND GEMÜSE

6 Port. 2,5 Std. Leicht

**Zutaten**

500 g Zwiebeln
500 g gelbe Paprika
500 g Hackfleisch
500 g Rindergulasch
500 g passierte Tomaten
250 ml Paprikasauce
Etwas Salz
Etwas scharfes Paprikapulver
500 g festkochende Kartoffeln
500 g rote Paprika
500 g Bauchfleisch
500 g Schweinegulasch
Etwas Butter
250 ml BBQ-Sauce
500 ml Sahne
Etwas schwarzer Pfeffer

**Nährwerte p. P.**

*490 kcal*
*26 g Kohlenhydrate*
*18 g Fett*
*12 g Eiweiß*

1 Bereiten Sie zunächst das Gemüse vor. Waschen Sie es, entnehmen Sie, je nachdem, die Kerne, schälen Sie die Zwiebeln und schneiden Sie alles in mundgerechte Stücke. Schälen Sie auch die Kartoffeln.

2 Würfeln Sie dann das Bauchfleisch und formen Sie kleine Kugeln aus dem Hackfleisch.

3 Fetten Sie dann die Cocotte mit Butter ein und gießen Sie zunächst die passierten Tomaten hinein. Dann geben Sie Rindfleisch, Schweinefleisch, Zwiebeln, Kartoffeln, Bauchfleisch, rote Paprika, gelbe Paprika und Hackbällchen der Reihe nach in die Cocotte.

4 Vermischen Sie die Paprikasauce mit der BBQ-Sauce und rühren Sie die Sahne hinein. Würzen Sie die Sauce mit Pfeffer, Salz und scharfem Paprikapulver. Gießen Sie die Sauce dann in die Cocotte.

5 Heizen Sie den Backofen auf 180 °C Umluft vor, legen Sie den Deckel auf die Cocotte und garen Sie alles für 2 Stunden. Nehmen Sie den Deckel dann herunter, rühren Sie einmal alles durch und garen Sie alles für weitere 30 Minuten. Öffnen Sie zwischendurch den Backofen, um den Dampf abziehen zu lassen.

6 Vor dem Servieren schmecken Sie noch einmal ab.

# GULASCH IM BLÄTTERTEIG

8 Port.

3 Std. 20 Min.

Leicht

**Zutaten**

5 rote Zwiebeln
4 Selleriestangen
3 Knoblauchzehen
3 EL Mehl
Etwas Öl
200 g mittelalter Cheddar
Pfeffer und Salz
2 kg Rindergulasch
4 Möhren
400 g braune Champignons
1 Dose Guinness-Bier
2 EL Tomatenmark
5 Zweige Thymian
375 g frischer Blätterteig
1 Eigelb

**Nährwerte p. P.**

*658 kcal*
*56 g Kohlenhydrate*
*49 g Fett*
*17 g Eiweiß*

1 Schälen Sie Knoblauch und Zwiebeln, schneiden Sie die Enden des Selleries ab und hacken Sie alles klein. Schälen Sie die Möhren und schneiden Sie sie klein. Waschen Sie die Champignons und vierteln Sie diese.

2 Geben Sie etwas Öl in die Cocotte und erhitzen Sie es auf dem Herd. Braten Sie das Fleisch darin portionsweise scharf an, bis es bräunt. Nehmen Sie das Fleisch heraus und nehmen Sie etwas Hitze weg.

3 Heizen Sie den Backofen auf 160 °C Ober-/Unterhitze vor. Dünsten Sie Knoblauch und Zwiebeln in der Cocotte für 5 Minuten. Geben Sie das Tomatenmark dazu und dünsten Sie es kurz mit. Verteilen Sie dann das Mehl unter der Menge und braten Sie alles für etwa 2 Minuten. Mischen Sie jetzt das Fleisch dazu. Waschen Sie den Thymian, zupfen Sie die Blätter ab und geben Sie sie ebenfalls in die Cocotte. Gießen Sie die Menge mit dem Bier an, würzen Sie gut mit Pfeffer und Salz und gießen Sie dann mit etwas Wasser an, sodass das Fleisch bedeckt ist. Legen Sie den Deckel auf und garen Sie alles im Backofen für 2,5 Stunden. Rühren Sie zwischendurch um.

4 Holen Sie die Cocotte dann aus dem Ofen, rühren Sie um und reiben Sie den Cheddar über die Menge. Legen Sie den Blätterteig vorsichtig auf und drücken Sie ihn leicht an. Formen Sie aus dem überstehenden Teig einen Rand. Ritzen Sie den Teig mit dem Messer für ein schönes Muster ein.

5 Geben Sie die Cocotte ohne Deckel für weitere 25 Minuten in den Ofen. Verquirlen Sie währenddessen das Eigelb. Bestreichen Sie den Blätterteig damit und geben Sie alles für weitere 5 Minuten in den Ofen.

# GULASCH MIT KÜRBISHAUBE

4 Port.

2,5 Std.

Leicht

**Zutaten**

**Für das Gulasch:**
500 g kleine Champignons
2 EL Butterschmalz
400 ml Rinderfond
1 EL edelsüßes Paprikapulver
2 Lorbeerblätter
1 kg Rindergulasch
2 große Zwiebeln
300 ml trockener Rotwein
4 EL Tomatenmark
½ TL Kreuzkümmel
1 Prise Zimt
Pfeffer und Salz

**Für das Püree:**
600 g Hokkaido-Kürbis
40 g Butter
Pfeffer und Salz
800 g Kartoffeln
150 ml Milch
1 Prise Muskat
1 Prise Chili

**Nährwerte p. P.**

*937 kcal*
*75 g Kohlenhydrate*
*35 g Fett*
*63 g Eiweiß*

1 Schälen Sie zunächst die Zwiebeln und schneiden Sie sie in Scheiben. Waschen und vierteln Sie die Champignons.

2 Zerlassen Sie den Butterschmalz in der Cocotte und braten Sie das Gulasch darin scharf an. Geben Sie das Tomatenmark sowie die Zwiebeln dazu und braten Sie alles unter Rühren für 5 Minuten an. Würzen Sie jetzt mit Kümmel, Pfeffer, Salz, Zimt, Chili und Paprikapulver.

3 Löschen Sie die Menge jetzt mit dem Rotwein ab und warten Sie, bis die Flüssigkeit fast verdampft ist. Geben Sie dann die Lorbeerblätter sowie die Champignons dazu und gießen Sie mit dem Fond an. Legen Sie den Deckel auf die Cocotte und lassen Sie alles für 1,5 Stunden schmoren. Rühren Sie zwischendurch um und geben Sie nach Bedarf etwas Wasser dazu.

4 Bereiten Sie jetzt das Püree vor. Schälen Sie Kürbis und Kartoffeln und schneiden Sie beides in Stücke. Geben Sie die Menge in einen Topf und kochen Sie sie für 15 Minuten weich. Heizen Sie den Backofen auf 180 °C Ober-/Unterhitze vor.

5 Gießen Sie das Wasser aus dem Topf ab und fügen Sie Milch und Butter zum Püree dazu. Stampfen Sie die Menge gut durch und würzen Sie mit Muskat, Pfeffer und Salz. Nehmen Sie die Cocotte vom Herd und geben Sie das Püree auf die Fleischmenge. Backen Sie alles für 25 Minuten im Backofen ohne Deckel.

# RINDER-STROGANOFF

4 Port.

30 Min.

Leicht

**Zutaten**

350 g braune Champignons
1 Zwiebel
2 EL Pflanzenöl
2 EL Mehl
2 EL Worcestersauce
65 g Crème fraîche
Pfeffer und Salz
15 g Schnittlauch
300 g Eiernudeln
1 Knoblauchzehe
2 EL Butter
1 Liter Rinderbrühe
1 TL Senf
450 g Rinderfilet

**Nährwerte p. P.**

*802 kcal*
*70 g Kohlenhydrate*
*40 g Fett*
*42 g Eiweiß*

1 Schneiden Sie das Fleisch zunächst in dünne Streifen. Waschen Sie die Pilze und schneiden Sie diese in Scheiben. Schälen und hacken Sie Knoblauch und Zwiebel. Waschen und hacken Sie den Schnittlauch.

2 Erhitzen Sie das Pflanzenöl in der Cocotte und geben Sie dann das Fleisch hinein. Braten Sie es bei mittlerer Hitze pro Seite etwa 1 Minute lang an. Nehmen Sie das Fleisch heraus und halten Sie es warm.

3 Geben Sie jetzt die Butter sowie Knoblauch und Zwiebel in die Cocotte und braten Sie beides 5 Minuten lang an. Geben Sie die Pilze dazu und schmecken Sie mit dem Salz ab. Erhöhen Sie die Hitze und braten Sie alles zusammen für 8 weitere Minuten. Schwenken Sie zwischendurch. Geben Sie das Mehl dazu und braten Sie alles 1 Minute lang weiter.

4 Löschen Sie daraufhin mit der Rinderbrühe ab und kratzen Sie mit einem Kochlöffel die Aromastoffe vom Boden ab. Rühren Sie nun den Senf und die Worcestersauce dazu und bringen Sie die Menge zum Kochen. Geben Sie die Eiernudeln hinein. Würzen Sie nochmals mit Pfeffer und Salz, kochen Sie alles noch einmal auf und legen Sie dann den Deckel auf die Cocotte. Köcheln Sie die Menge für etwa 8 Minuten, bis die Nudeln gar sind.

5 Rühren Sie die Crème fraîche unter die Menge und schmecken Sie erneut mit Pfeffer und Salz ab. Geben Sie jetzt das Rindfleisch wieder dazu und warten Sie, bis es wieder richtig erwärmt ist.

6 Garnieren Sie alles mit dem Schnittlauch.

# HÄHNCHEN-PASTA

3 Port.

40 Min.

Leicht

**Zutaten**

400 g Gemüsemischung
300 g Nudeln
2 EL Instant-Hühnerbrühe
Chiliflocken und Paprikapulver
Pfeffer und Salz
Etwas Öl
1 Liter Wasser
3 Hühnerbrüste
1 Zwiebel
1 Becher Sahne
Currypulver

**Nährwerte p. P.**

*673 kcal*
*82 g Kohlenhydrate*
*13 g Fett*
*54 g Eiweiß*

1 Spülen Sie das Fleisch ab, trocknen Sie es und schneiden Sie es in kleine Stücke. Schälen und hacken Sie die Zwiebel.

2 Erhitzen Sie das Öl in der Cocotte und braten Sie das Fleisch darin an. Geben Sie dann die Zwiebel dazu und braten Sie diese mit. Geben Sie das Gemüse dazu, sobald das Hähnchen bräunlich und die Zwiebel glasig wird. Würzen Sie hier mit Paprika, Chili und Curry.

3 Löschen Sie dann mit dem Becher Sahne ab und geben Sie etwa 2 EL Hühnerbrühe dazu. Bringen Sie die Menge zum Kochen und geben Sie die Nudeln hinein. Gießen Sie mit dem Wasser an. Lassen Sie alles für weitere 20 Minuten köcheln und rühren Sie zwischendurch um.

# PILZPFANNE MIT HÄHNCHEN UND ZWIEBELN

4 Port.

1 Std.

Leicht

**Zutaten**

400 g gemischte Pilze (Edel-Reizker, Pfifferling, Rötelritterling)
100 ml Sahne
1 Zwiebel
5 Zweige Thymian
1 TL edelsüßes Paprikapulver
1 EL Mehl
600 g Hähnchenbrustfilet
200 ml Geflügelfond
3 Frühlingszwiebeln
30 g geriebener Parmesan
2 Zweige gehackter Thymian
2 EL Butter
Pfeffer und Salz

**Nährwerte p. P.**

*210 kcal*
*4 g Kohlenhydrate*
*17 g Fett*
*6 g Eiweiß*

1 Schneiden Sie das Hähnchenbrustfilet in grobe Stücke und salzen Sie die Stücke. Waschen Sie die Pilze und schneiden Sie sie in Viertel. Schälen und würfeln Sie die Zwiebel, schneiden Sie die Frühlingszwiebeln in Ringe. Erhitzen Sie 1 EL Butter in einer Cocotte und braten Sie das Hähnchen darin an. Nehmen Sie die Stücke dann aus der Pfanne.

2 Nehmen Sie etwas Hitze weg und geben Sie die restliche Butter in das Bratfett. Geben Sie die Kräuter, das Paprikapulver, die Zwiebel und die Frühlingszwiebeln dazu, schwitzen Sie alles etwas an und erhöhen Sie die Temperatur wieder. Geben Sie jetzt die Pilze dazu und braten Sie sie für 2 Minuten, bestäuben Sie sie mit etwas Mehl.

3 Löschen Sie die Menge mit Geflügelfond und Sahne ab. Lassen Sie die Menge dann für 8 Minuten köcheln.

4 Geben Sie nun das Hähnchen mit dem Bratensaft zu den Pilzen und lassen Sie alles zusammen für 5 Minuten köcheln. Rühren Sie den Parmesan unter und schmecken Sie mit Pfeffer und Salz ab. Rühren Sie zwischendurch um. Kochen Sie alles, bis die Sauce richtig eingedickt ist.

# Vegetarische Hauptspeisen

# GEMÜSE MIT KRÄUTERN UND KARTOFFELN

4 Port. 50 Min. Leicht

**Zutaten**

2 Zucchini
4 Tomaten
1 Zwiebel
2 EL frisch gehackte Kräuter (Petersilie, Thymian, Oregano)
Pfeffer aus der Mühle
Salz
800 ml Gemüsebrühe
500 g festkochende Kartoffeln
2 rote Paprikaschoten
150 g Champignons

**Nährwerte p. P.**

*167 kcal*
*29 g Kohlenhydrate*
*1 g Fett*
*9 g Eiweiß*

1 Geben Sie die Brühe in die Cocotte und lassen Sie die Menge aufkochen. Waschen Sie die Zucchini, schneiden Sie sie in Scheiben und geben Sie sie in die Brühe. Schälen und würfeln Sie die Kartoffeln und geben Sie sie ebenfalls dazu.

2 Überbrühen Sie jetzt die Tomaten heiß, schrecken Sie sie ab und häuten Sie sie. Dann die Tomaten vierteln, entkernen und in Streifen schneiden. Waschen und entkernen Sie die Paprikaschoten und schneiden Sie sie in Streifen. Schälen und würfeln Sie jetzt die Zwiebel, putzen Sie die Champignons und schneiden Sie sie in Scheiben.

3 Geben Sie Zwiebeln und Paprika nach etwa 10 Minuten mit in die Cocotte, nach weiteren 10 Minuten auch die Champignons, Tomaten und Zwiebeln. Lassen Sie alles zusammen für weitere 10 Minuten gar köcheln. Geben Sie zuletzt die Kräuter dazu und schmecken Sie mit Pfeffer und Salz ab.

# PASTA MIT CHILI UND KNOBLAUCH

4 Port.

35 Min.

Leicht

**Zutaten**

2 Knoblauchzehen
2 EL Olivenöl
250 g Cocktailtomaten
500 g Nudeln nach Wahl
700 ml heißes Wasser
Parmesan zum Bestreuen
1 Zwiebel
2 Chilischoten
400 g passierte Tomaten
1 ½ TL Salz
Frisches Basilikum
Etwas Pfeffer

**Nährwerte p. P.**

*568 kcal*
*96 g Kohlenhydrate*
*10 g Fett*
*21 g Eiweiß*

1 Schälen Sie die Zwiebel und würfeln Sie sie. Pressen Sie den Knoblauch. Schneiden Sie die Chilischoten in Ringe. Erhitzen Sie das Öl in der Cocotte und schwitzen Sie alles darin glasig an.

2 Waschen und halbieren Sie die Cocktailtomaten. Geben Sie diese, die passierten Tomaten, Wasser und Nudeln dazu und rühren Sie alles kurz um. Würzen Sie mit Pfeffer und Salz. Stellen Sie die Herdplatte auf mittlere Hitze und lassen Sie alles leicht köcheln. Legen Sie dann den Deckel auf und rühren Sie zwischendurch um. Lassen Sie die Menge köcheln, bis die Nudeln gar sind, etwa 20 Minuten lang.

3 Waschen Sie das Basilikum, zupfen Sie die Blättchen ab und schneiden Sie sie klein. Reiben Sie den Parmesan. Heben Sie das Basilikum unter die fertigen Nudeln und servieren Sie den Parmesan dazu.

# GEDÜNSTETER SPITZKOHL IN BUTTER

4 Port.

25 Min.

Leicht

**Zutaten**

2 EL Butter
1 Prise Zucker
1 Spitzkohl
Pfeffer und Salz
1 Spritzer Zitronensaft

**Nährwerte p. P.**

*104 kcal*
*6 g Kohlenhydrate*
*7 g Fett*
*4 g Eiweiß*

1 Entfernen Sie zunächst die äußeren Blätter des Spitzkohls, halbieren Sie ihn längs und schneiden Sie den keilförmigen Strunk heraus. Schneiden Sie die Kohlblätter dann in etwa 1 cm breite Streifen.

2 Geben Sie die Butter in die Cocotte und zerlassen Sie sie. Dünsten Sie den Spitzkohl jetzt für etwa 4 Minuten darin. Würzen Sie ihn dann mit Zitronensaft, Zucker, Salz und Pfeffer. Gießen Sie daraufhin das Wasser dazu und legen Sie den Deckel auf die Cocotte. Garen Sie den Kohl nun für weitere 8 Minuten und würzen Sie ihn im Anschluss nach Bedarf nach.

# LECKERE VEGETARISCHE PAELLA

4 Port.

50 Min.

Leicht

**Zutaten**

1 gewürfelte, gelbe Zwiebel
1 Chilischote, in Ringe geschnitten
200 g Karotten, in Scheiben geschnitten
190 g gewürfelte Zucchini
150 g tiefgekühlte Erbsen
1 Schuss Weißwein
1 TL Safranfäden
Pfeffer und Salz
1 Tasse Basmati-Reis
2 zerdrückte Knoblauchzehen
2 Rispentomaten
80 g Karfiol, in kleine Röschen geteilt
1 Dose Kidneybohnen, abgetropft
1 gelbe Spitzpaprika, in Scheiben geschnitten
3 Tassen Gemüsebrühe
3 EL Olivenöl
Etwas Zitronensaft
1 Zweig Rosmarin

**Nährwerte p. P.**

*722 kcal*
*72 g Kohlenhydrate*
*19 g Fett*
*56 g Eiweiß*

1 Bereiten Sie die Zutaten nach der Zutatenliste vor. Übergießen Sie dann die Rispentomaten mit kochendem Wasser, ziehen Sie die Haut ab und schneiden Sie sie in Würfel. Spülen Sie den Basmati-Reis unter fließendem Wasser ab, bis das Wasser klar wird. Lassen Sie die Safranfäden in Wasser quellen. Lassen Sie die Erbsen auftauen.

2 Erhitzen Sie jetzt das Olivenöl in der Cocotte und schwitzen Sie Knoblauch, Chiliringe und Zwiebeln bei mittlerer Hitze darin an. Würzen Sie mit Pfeffer und Salz.

3 Geben Sie dann Zucchini, Kidneybohnen, Paprika, Karfiol und Karotten dazu und rösten Sie alles für 3 Minuten unter Rühren.

4 Geben Sie jetzt den Reis zum Gemüse, rühren Sie kurz um und löschen Sie dann mit dem Weißwein ab. Gießen Sie auch die Brühe sowie das Safranwasser dazu.

5 Legen Sie anschließend den Rosmarinzweig auf die Menge und lassen Sie alles kurz aufkochen. Legen Sie den Deckel auf die Cocotte und lassen Sie die Menge für 15 Minuten, ohne Umrühren, köcheln.

6 Anschließend geben Sie die Erbsen sowie die Tomaten dazu und lassen die Menge für weitere 5 Minuten köcheln. Ihr Gericht ist fertig, wenn die Flüssigkeit verdampft und der Reis körnig ist. Daraufhin lassen Sie alles für weitere 5 Minuten bei niedriger Hitze garen, damit eine leichte Kruste am Boden entstehen kann.

7 Garnieren Sie zuletzt mit einem Spritzer Zitronensaft.

# WÜRZIGE KÜRBIS-PASTA

4 Port.

1 Std.

Leicht

**Zutaten**

1 EL Tomatenmark
1 EL Gemüsebrühe
80 g Walnusskerne
1 Zwiebel
1 Bund frische Petersilie
Pfeffer und Salz
2 EL natives Olivenöl
350 g Dinkellocken
1 Packung Hafercuisine
50 g getrocknete Tomaten
500 g Hokkaido-Kürbis
½ Zitrone
600 ml Wasser

**Nährwerte p. P.**

*667 kcal*
*90 g Kohlenhydrate*
*23 g Fett*
*25 g Eiweiß*

1 Waschen und entkernen Sie zunächst den Kürbis. Schneiden Sie das Fruchtfleisch dann in mundgerechte Stücke.

2 Erhitzen Sie das Olivenöl in der Cocotte. Schälen und hacken Sie die Zwiebel, dünsten Sie die Zwiebel im Öl glasig an. Geben Sie dann Tomatenmark und Kürbis dazu und braten Sie beides an.

3 Nun fügen Sie die Dinkellocken hinzu und löschen die Menge mit der Gemüsebrühe sowie 600 ml Wasser ab. Geben Sie auch die Hafercuisine dazu, rühren Sie gründlich um und lassen Sie die Menge dann abgedeckt aufkochen.

4 Nehmen Sie den Deckel herunter und lassen Sie Ihre Pasta bei mittlerer Hitze für 10 Minuten köcheln. Rühren Sie zwischendurch um. Pressen Sie die halbe Zitrone aus und reiben Sie auch die Schale ab.

5 Würzen Sie mit Pfeffer, Salz und Zitronensaft, sobald die Nudeln gar sind und die Flüssigkeit aufgesogen wurde.

6 Rösten Sie die Walnusskerne währenddessen in einer Pfanne ohne Fett an. Würfeln Sie die getrockneten Tomaten grob, waschen Sie die Petersilie und zupfen Sie die Blätter ab.

7 Geben Sie Walnusskerne mit Zitronenschale, Zitronensaft sowie Petersilie und Tomaten in einen Mixer und zerkleinern Sie alles fein. Würzen Sie die Menge anschließend mit Pfeffer.

8 Garnieren Sie Ihre fertige Pasta mit dem Tomaten-Topping.

# GEFÜLLTE PAPRIKA MIT CHAMPIGNONS

4 Port.

1 Std. 25 Min.

Leicht

**Zutaten**

250 ml Gemüsebrühe
50 g Zwiebeln
100 g Champignons
200 g gehackte Tomaten
120 g Kichererbsen
50 g Käse
100 ml Gemüsebrühe
Pfeffer und Salz
Etwas frische Petersilie zum Garnieren
Etwas Olivenöl
80 g Quinoa
3 Paprika
1 Knoblauchzehe
1 EL Tomatenmark
1 TL getrockneter Majoran
1 TL Kreuzkümmel
50 g Feta

**Nährwerte p. P.**

*317 kcal*
*3 g Kohlenhydrate*
*2 g Fett*
*2 g Eiweiß*

1 Heizen Sie zunächst den Backofen auf 160 °C Umluft vor. Waschen Sie die Quinoa lauwarm ab und kochen Sie sie dann mit 250 ml Gemüsebrühe auf. Lassen Sie alles für 20 Minuten köcheln.

2 Waschen Sie die Paprika, schneiden Sie sie in Hälften und entfernen Sie die Kerngehäuse. Schälen und würfeln Sie Zwiebeln und Knoblauch. Waschen Sie die Champignons und schneiden Sie sie in Scheiben.

3 Erhitzen Sie etwas Olivenöl in der Cocotte und braten Sie das Gemüse, außer die Paprika, darin an. Geben Sie dann Tomatenmark sowie die gehackten Tomaten dazu. Lassen Sie die Kichererbsen abtropfen und geben Sie diese sowie den Majoran mit in die Cocotte. Würzen Sie hier mit Pfeffer, Salz und Kreuzkümmel.

4 Geben Sie daraufhin die fertige Quinoa dazu und verrühren Sie die Menge. Füllen Sie die Quinoa-Menge dann in die Paprika-Hälften hinein und reiben Sie beide Käsesorten darüber. Stellen Sie alles zurück in die Cocotte und gießen Sie mit der übrigen Gemüsebrühe an.

5 Garen Sie dann alles für 45 Minuten im Backofen. Zuletzt garnieren Sie die fertige Paprika mit der frischen Petersilie.

# GEMÜSEREIS

2 Port. 25 Min. Leicht

**Zutaten**

200 g Reis
50 g Frühlingszwiebeln
50 g Champignons
Etwas frische Petersilie
500 ml Gemüsebrühe
150 g Paprika
50 g Zwiebeln
1 Knoblauchzehe
1 TL Öl

**Nährwerte p. P.**

*418 kcal*
*9 g Kohlenhydrate*
*2 g Fett*
*2 g Eiweiß*

1 Schälen und hacken Sie zunächst den Knoblauch. Schälen Sie die Zwiebeln und schneiden Sie diese sowie die Paprika in Stücke. Waschen und hacken Sie die Petersilie. Waschen Sie die Frühlingszwiebeln sowie die Champignons und schneiden Sie beides klein.

2 Erhitzen Sie jetzt das Öl in der Cocotte und schwitzen Sie Knoblauch und Zwiebeln darin an. Anschließend geben Sie den Reis sowie die Gemüsebrühe dazu und kochen die Menge kurz auf. Lassen Sie alles für 10 Minuten köcheln.

3 Geben Sie jetzt die übrigen Zutaten dazu und lassen Sie alles erneut für 5 Minuten köcheln, nehmen Sie jedoch etwas Hitze weg und rühren Sie gelegentlich um. Sollte die Flüssigkeit zu gering sein, geben Sie etwas Wasser dazu. Würzen Sie dann mit Pfeffer und Salz und garnieren Sie alles mit der Petersilie.

# JAPANISCHER REIS

2 Port.

1 Std.

Leicht

**Zutaten**

200 ml Wasser
1 Prise Salz
200 g Reis

**Nährwerte p. P.**

*257 kcal*
*33 g Kohlenhydrate*
*0 g Fett*
*0 g Eiweiß*

1 Geben Sie den Reis in die Cocotte und füllen Sie ihn mit reichlich kaltem Wasser auf. Waschen Sie den Reis nun vorsichtig mit den Händen im Topf. Dafür reiben Sie den Reis zwischen Ihren Händen. Gießen Sie dann das Wasser fast vollständig ab und waschen Sie den Reis mit dem übrigen Wasser kräftiger ab.

2 Füllen Sie wieder mehr Wasser auf und reiben Sie den Reis erneut vorsichtig. Wiederholen Sie diesen Vorgang mindestens dreimal. Das Waschwasser sollte am Ende klar bleiben.

3 Bedecken Sie den gewaschenen Reis nun vollständig mit Wasser und lassen Sie ihn für 30 Minuten ruhen. Gießen Sie dann das Wasser wieder ab. Füllen Sie frisches Wasser auf (im Verhältnis 1:1, also 200 g Reis = 200 ml Wasser) und geben Sie 1 Prise Salz dazu. Legen Sie den Deckel auf die Cocotte, kochen Sie den Reis auf und garen Sie den Reis bei mittlerer Hitze für 13 Minuten.

4 Nach der Garzeit stellen Sie den Herd aus, lassen den Reis jedoch für weitere 10 Minuten quellen, der Deckel bleibt weiterhin auf der Cocotte.

5 Servieren Sie den Reis nun umgehend oder nutzen Sie ihn für die Weiterverarbeitung zu anderen Gerichten.

# LECKERER PILZ-REIS-TOPF

2 Port.

45 Min.

Leicht

**Zutaten**

600 g Champignons
20 g Butter
300 ml heißes Wasser
160 g Reis
Pfeffer und Salz
10 g frischer Schnittlauch
2 EL Pflanzenöl
1 Zwiebel
1 TL Weizenmehl
1 TL Gemüsebrühepulver
3 EL Wasser
Etwas Paprikapulver

**Nährwerte p. P.**

*639 kcal*
*74 g Kohlenhydrate*
*32 g Fett*
*13 g Eiweiß*

1 Waschen Sie zunächst die Pilze und schneiden Sie sie in Scheiben. Schälen und würfeln Sie die Zwiebel. Geben Sie den Reis in ein Sieb und spülen Sie ihn unter fließendem Wasser ab. Gießen Sie das Gemüsebrühepulver mit dem heißen Wasser an.

2 Erhitzen Sie 1 EL Pflanzenöl in der Cocotte und braten Sie die Pilze bei mittlerer Hitze für etwa 5 Minuten an. Nehmen Sie dann etwa ¾ der Pilze heraus und stellen Sie sie zur Seite.

3 Geben Sie nun die Zwiebelwürfel in die Cocotte und fügen Sie nach Bedarf noch etwas Öl hinzu. Braten Sie die Zwiebelwürfel für 2 Minuten scharf an und nehmen Sie dann etwas Hitze weg. Geben Sie dann die Butter dazu und lassen Sie sie schmelzen. Streuen Sie das Mehl über die Pilze und rühren Sie gut um, damit es nicht klumpt.

4 Löschen Sie die Pilze jetzt mit der Gemüsebrühe ab und geben Sie den Reis dazu. Legen Sie den Deckel auf die Cocotte. Lassen Sie die Menge für 20 Minuten köcheln. Anschließend lassen Sie alles für weitere 5 Minuten ohne Deckel ziehen. Geben Sie nach Bedarf 3 EL Wasser dazu, falls die Brühe zu stark verdampft.

5 Waschen und schneiden Sie währenddessen den Schnittlauch. Geben Sie ihn dann in den Pilz-Topf und würzen Sie mit Pfeffer, Salz und Paprikapulver. Mischen Sie jetzt die übrigen Pilze unter die Menge.

# WILDER REIS MIT BASILIKUM

 4 Port.
 30 Min.
 Leicht

**Zutaten**

1 EL Butter
1 Knoblauchzehe
1 Tasse Basmati-Reis
1 Zwiebel
2 Tassen Gemüsebrühe
1 Handvoll Basilikum
Pfeffer und Salz

**Nährwerte p. P.**

*162 kcal*
*83 g Kohlenhydrate*
*2 g Fett*
*11 g Eiweiß*

1 Waschen Sie das Basilikum und hacken Sie diesen klein. Schälen Sie zunächst die Zwiebel und den Knoblauch, hacken Sie sie klein und dünsten Sie sie in der Cocotte in Butter an.

2 Geben Sie jetzt den Reis in die Knoblauch-Zwiebel-Menge und rühren Sie kurz durch. Gießen Sie die Gemüsebrühe zum Reis und kochen Sie die Menge auf. Dann kommt das Basilikum hinzu.

3 Würzen Sie hier mit Pfeffer und Salz und lassen Sie alles für 5 Minuten köcheln. Schalten Sie die Herdplatte aus und decken Sie die Cocotte ab. Lassen Sie den Reis jetzt noch für etwa 15 Minuten ziehen.

**Tipp:** Zu dem Basilikum können Sie noch weitere Kräuter mischen. Teilen Sie hierfür die Menge in ½ Handvoll Basilikum und ½ Handvoll weiterer Kräuter ein.

# SCHNELLE PILZPFANNE MIT NUDELN UND GEMISCHTEN PILZEN

 2 Port.

 20 Min.

 Leicht

**Zutaten**

200 ml Sahne
1 EL gehackte Zwiebeln
Salzwasser
Etwas Petersilie
Geriebener Käse nach Bedarf
400 g gemischte Waldpilze
2 EL Öl
200 g Nudeln
Salz und Pfeffer
Etwas Sojasauce

**Nährwerte p. P.**

*577 kcal*
*76 g Kohlenhydrate*
*19 g Fett*
*25 g Eiweiß*

1 Erhitzen Sie das Öl in einer Cocotte und bräunen Sie die gehackten Zwiebeln darin. Geben Sie dann die gemischten Waldpilze in das heiße Öl. Geben Sie, nach etwa 5 Minuten, die Sahne dazu und nehmen Sie etwas Hitze weg.

2 Lassen Sie die Menge köcheln und würzen Sie jetzt mit Pfeffer und Salz, der Petersilie sowie der Sojasauce.

3 Währenddessen geben Sie die Nudeln in einen Topf mit Salzwasser und garen diese wie üblich. Anschließend richten Sie die Nudeln mit der Pilzsauce auf Tellern an und garnieren mit dem geriebenen Käse.

# MARONEN IN RAHMSAUCE

4 Port. 40 Min. Leicht

**Zutaten**

500 g Maronen
1 Tasse Wasser
1 TL Fett
Pfeffer und Salz
½ TL Mehl
1 Zwiebel
1 Tasse Sahne
1 EL Essig
Etwas Petersilie

**Nährwerte p. P.**

*83 kcal*
*1 g Kohlenhydrate*
*1 g Fett*
*3 g Eiweiß*

1 Putzen Sie zunächst die Maronen, schneiden Sie sie in mundgerechte Stücke und garen Sie sie in Salzwasser. Gießen Sie dann das Wasser ab. Waschen Sie die Petersilie, schütteln Sie sie trocken und hacken Sie sie klein.

2 Erhitzen Sie das Fett in einer Cocotte, schälen Sie die Zwiebel und schneiden Sie sie klein. Bräunen Sie die Zwiebel dann im Fett an, geben Sie die Pilze dazu und bräunen Sie auch diese. Würzen Sie mit Pfeffer und Salz, gießen Sie dann mit der Sahne und dem Wasser an. Bringen Sie die Menge leicht zum Kochen und binden Sie die Sauce mit dem Mehl. Würzen Sie erneut mit Pfeffer und Salz sowie dem Essig.

3 Richten Sie die Pilze mit der Sauce an und garnieren Sie mit der gehackten Petersilie. Als Beilage eignen sich Kartoffeln oder auch Knödel gut.

# Vegane Hauptspeisen

# TACO-PASTA-TOPF

4 Port. 20 Min. Leicht

**Zutaten**

1 große, gewürfelte Zwiebel
2 kleine, gewürfelte Karotten
400 g gehackte Tomaten
1 EL Tomatenmark
1 TL Chilipulver
Pfeffer und Salz
Etwas Zucker
1 Dose Mais
2 EL Olivenöl
2 gehackte Knoblauchzehen
1 Packung Sonnenblumen-Hack
240 ml Gemüsebrühe
1 TL Paprikapulver
1 Dose schwarze Bohnen
250 g Makkaroni
Ein paar Frühlingszwiebeln und Petersilie zum Garnieren

**Nährwerte p. P.**

*362 kcal*
*15 g Kohlenhydrate*
*5 g Fett*
*60 g Eiweiß*

1 Bereiten Sie die Zutaten nach der Zutatenliste vor.

2 Erhitzen Sie zunächst das Olivenöl in der Cocotte und braten Sie die Zwiebelwürfel darin glasig an. Geben Sie Karotten und Knoblauch dazu und braten Sie diese für etwa 2 Minuten mit. Geben Sie dann das Sonnenblumen-Hack dazu und gießen Sie mit Gemüsebrühe sowie Tomaten und Tomatenmark an. Verrühren Sie alles miteinander und kochen Sie die Menge auf.

3 Würzen Sie hier mit Pfeffer und Salz, etwas Zucker, Chilipulver und Paprikapulver. Geben Sie die Nudeln dazu. Lassen Sie alles köcheln, bis die Sauce eingedickt ist und die Nudeln bissfest sind. Geben Sie dann den Mais und die Bohnen dazu und schmecken Sie nach Bedarf noch einmal ab. Waschen und hacken Sie die Petersilie und die Frühlingszwiebeln.

4 Verteilen Sie die Pasta in Schalen und garnieren Sie mit Petersilie und Frühlingszwiebeln.

# TOMATEN-PASTA

4 Port.

20 Min.

Leicht

**Zutaten**

1 kg Cherrytomaten
5 EL Olivenöl
Etwas Salz, Pfeffer und Zucker
500 g Penne Rigate
10 g frisches Basilikum
2 Knoblauchzehen
100 g schwarze Oliven
2 EL Pastagewürz
500 ml Gemüsebrühe

**Nährwerte p. P.**

*604 kcal*
*106 g Kohlenhydrate*
*13 g Fett*
*13 g Eiweiß*

1 Schälen Sie zunächst den Knoblauch und schneiden Sie ihn in dünne Scheiben. Waschen Sie die Tomaten und lassen Sie sie abtropfen. Gießen Sie die Oliven in ein Sieb.

2 Erhitzen Sie jetzt 2 EL Öl in der Cocotte und braten Sie den Knoblauch etwa 1 Minute darin an. Geben Sie die Tomaten dazu und zuckern Sie diese. Lassen Sie sie dann für etwa 8 Minuten schmoren. Würzen Sie anschließend mit dem Pastagewürz sowie dem Salz.

3 Geben Sie jetzt die Nudeln sowie die Oliven mit in die Cocotte, gießen Sie mit der Brühe an und lassen Sie alles bei mittlerer Hitze für 12 Minuten köcheln.

4 Waschen Sie währenddessen das Basilikum, hacken Sie es klein, vermischen Sie es mit 3 EL Olivenöl und würzen Sie die Menge mit Pfeffer und Salz.

5 Schmecken Sie die Pasta noch einmal ab, verteilen Sie sie auf die Teller und garnieren Sie mit dem Basilikumöl.

# QUINOA-KOKOS-TOPF

4 Port.

20 Min.

Leicht

**Zutaten**

150 g grüne Bohnen
2 Knoblauchzehen
100 g passierte Tomaten
60 g rote Currypaste
500 ml Gemüsebrühe
½ Zwiebel
10 g frischer Koriander
200 g Quinoa
1 EL Kokosöl
80 g gefrorene Erbsen
200 ml Kokosmilch
1 Stück Ingwer
½ Zucchini

**Nährwerte p. P.**

*580 kcal*
*52 g Kohlenhydrate*
*11 g Fett*
*11 g Eiweiß*

1 Schälen und würfeln Sie zunächst die Zwiebel. Waschen Sie den Ingwer und schneiden Sie ihn klein. Erhitzen Sie nun das Kokosöl in der Cocotte, geben Sie die Zwiebel hinein und pressen Sie die Knoblauchzehen dazu. Geben Sie auch den Ingwer hinein und braten Sie alles zusammen für 3 Minuten an. Fügen Sie die Currypaste hinzu und braten Sie die Menge für 2 weitere Minuten.

2 Geben Sie jetzt Kokosmilch, Tomaten, Gemüsebrühe und Quinoa mit in die Cocotte, bringen Sie alles zum Kochen, nehmen Sie etwas Hitze weg und lassen Sie den Topf für 15 Minuten köcheln.

3 Waschen Sie währenddessen die Bohnen und schneiden Sie die Enden ab. Waschen Sie die Zucchini und schneiden Sie sie in Würfel. Geben Sie dann Erbsen, Zucchini und Bohnen mit in die Cocotte und kochen Sie das Gemüse für etwa 5 Minuten weich.

4 Waschen und hacken Sie den Koriander. Verteilen Sie ihren fertigen Quinoa-Topf auf die Teller, garnieren Sie mit dem Koriander und nach Bedarf mit einigen Klecksen Kokosmilch.

# ZUCCHINI-PAPRIKA-PFANNE

2 Port.

35 Min.

Leicht

**Zutaten**

200 g gelbe Paprika
130 g Porree
250 g Pellkartoffeln
4 EL Rapsöl
1 Msp. Chiliflocken
1 Prise schwarzer Pfeffer
200 g rote Paprika
200 g Zucchini
4 Tomaten
100 ml Gemüsebrühe
½ TL Kurkuma
1 Prise Salz
2 EL fein geschnittene Basilikumblättchen

**Nährwerte p. P.**

*682 kcal*
*53 g Kohlenhydrate*
*9 g Fett*
*8 g Eiweiß*

1 Bereiten Sie die Pellkartoffeln schon am Vortag zu.

2 Waschen Sie zunächst die Paprikaschoten, halbieren Sie sie, entfernen Sie die Kerngehäuse und schneiden Sie sie in Streifen. Waschen Sie die Zucchini, schneiden Sie die Enden ab und schneiden Sie sie dann in mundgerechte Stücke. Waschen und halbieren Sie die Tomaten, entfernen Sie die Stiele und schneiden Sie sie dann in Würfel. Putzen Sie den weißen Teil des Porrees und schneiden Sie ihn klein. Würfeln Sie die Pellkartoffeln.

3 Erhitzen Sie nun das Öl in der Cocotte und geben Sie Paprika, Porree sowie Zucchini hinein. Braten Sie alles bei starker Hitze für etwa 3 Minuten unter Rühren an. Gießen Sie jetzt mit der Gemüsebrühe an, reduzieren Sie die Hitze und lassen Sie alles für 5 Minuten köcheln. Geben Sie die Kartoffeln dazu und lassen Sie die Menge für weitere 5 Minuten köcheln. Würzen Sie anschließend mit Kurkuma, Salz, Pfeffer und Chiliflocken.

4 Zuletzt geben Sie die Tomaten sowie das Basilikum dazu, rühren einmal kurz um und servieren Ihr Gemüse sofort.

# PASTA ASIATISCHER ART

2 Port.

25 Min.

Leicht

**Zutaten**

2 Knoblauchzehen
1 Paprika
250 g Fusilli
250 ml Kokosmilch
1 TL Zitronensaft
Pfeffer und Salz
100 g Kirschtomaten
1 Zwiebel
1 Zucchini
80 g gefrorene Erbsen
2 TL rote Currypaste
250 g passierte Tomaten
1 EL Kokosöl

**Nährwerte p. P.**

*860 kcal*
*62 g Kohlenhydrate*
*17 g Fett*
*16 g Eiweiß*

1 Schälen und hacken Sie Zwiebel und Knoblauch. Schälen Sie die Zucchini, entkernen Sie die Paprika, waschen Sie beides und schneiden Sie es in Würfel. Waschen und halbieren Sie die Kirschtomaten.

2 Erhitzen Sie das Öl in der Cocotte und schwitzen Sie die Zwiebeln für 3 Minuten darin an. Geben Sie dann Paprika, Zucchini und Knoblauch dazu und braten Sie alles für weitere 3 Minuten.

3 Geben Sie dann die gefrorenen Erbsen sowie die Nudeln dazu und gießen Sie mit der Kokosmilch an. Fügen Sie dann die Currypaste und die passierten Tomaten dazu und pressen Sie etwas Zitronensaft dazu. Lassen Sie die Menge für etwa 12 Minuten kochen, bis die Nudeln bissfest sind.

4 Geben Sie die Kirschtomaten kurz vor Ende der Garzeit dazu und schmecken Sie alles mit Pfeffer und Salz ab.

# REIS MIT KÄSE UND TOFU

4 Port.

25 Min.

Leicht

**Zutaten**

1 rote Zwiebel
4 EL Sojasauce
200 ml Kokosmilch
2 Packungen Express-Reis
1 EL Currypulver
¼ TL Kurkuma
Etwas Pfeffer
400 g Naturtofu
1 TL Rapsöl
200 g tiefgekühlter Edamame
200 g Zuckerschoten
2 Stiele Koriander
1 TL Cayennepfeffer
8 EL Wasser
Etwas Jodsalz

**Nährwerte p. P.**

*542 kcal*
*47 g Kohlenhydrate*
*21 g Fett*
*39 g Eiweiß*

1 Schneiden Sie zunächst den Tofu in Würfel, schälen Sie die Zwiebel und schneiden Sie sie klein. Erhitzen Sie das Öl in der Cocotte und braten Sie den Tofu darin etwa 4 Minuten lang scharf an, sodass er knusprig wird. Geben Sie die Zwiebeln für 2 Minuten dazu und löschen Sie dann mit der Sojasauce ab.

2 Geben Sie jetzt Edamame, 4 EL Wasser und Kokosmilch dazu, kochen Sie die Menge auf und garen Sie alles für etwa 4 Minuten bei mittlerer Hitze. Waschen Sie währenddessen die Zuckerschoten, halbieren Sie sie und kochen Sie sie für 2 Minuten mit.

3 Lockern Sie den Reis etwas auf, öffnen Sie die Packung und rühren Sie Reis sowie 4 weitere EL Wasser in die Tofu-Menge hinein. Garen Sie alles zusammen für 3 Minuten.

4 Waschen Sie den Koriander, trocknen Sie ihn und zupfen Sie die Blätter ab. Würzen Sie Ihr Reis-Gericht jetzt mit Pfeffer und Salz sowie mit Kurkuma, Currypulver und Cayennepfeffer. Garnieren Sie mit dem Koriander.

# CHAMPIGNON-REIS-TOPF

2 Port.

35 Min.

Leicht

**Zutaten**

2 gehackte Zwiebeln
300 g geschnittene Champignons
480 ml Gemüsebrühe
Pfeffer und Salz
2 EL Kokosöl
2 gehackte Knoblauchzehen
180 g Langkornreis
2 EL pflanzliche Butter

**Nährwerte p. P.**

*639 kcal*
*91 g Kohlenhydrate*
*26 g Fett*
*12 g Eiweiß*

1 Bereiten Sie die Zutaten nach der Zutatenliste vor.

2 Erhitzen Sie zunächst das Öl in der Cocotte und dünsten Sie Knoblauch und Zwiebeln darin für 3 Minuten an. Geben Sie die Pilze dazu und rösten Sie alles zusammen für 5 Minuten. Fügen Sie den Reis hinzu und rösten Sie diesen für 5 Minuten mit.

3 Löschen Sie jetzt alles mit der Brühe ab und lassen Sie die Menge für 15 Minuten köcheln. Ist der Reis noch nicht richtig gar, geben Sie etwas Wasser dazu und lassen alles für weitere 5 Minuten köcheln. Schmecken Sie den Reis-Champignon-Topf dann mit Butter, Pfeffer und Salz ab.

# REIS SPANISCHER ART MIT GEMÜSE

4 Port.

30 Min.

Leicht

**Zutaten**

1 rote Zwiebel
1 Knoblauchzehe
300 g Kidneybohnen
250 ml Gemüsebrühe
½ Bund Petersilie
Pfeffer und Salz
300 g Reis
1 rote Paprika
800 g gehackte Tomaten
2 EL Olivenöl
100 g schwarze Oliven
1 TL Oregano

**Nährwerte p. P.**

*543 kcal*
*63 g Kohlenhydrate*
*15 g Fett*
*11 g Eiweiß*

1 Schälen Sie zunächst die Zwiebel und schneiden Sie sie klein. Schälen und hacken Sie den Knoblauch. Waschen und würfeln Sie die Paprika und lassen Sie die Kidneybohnen abtropfen.

2 Erhitzen Sie jetzt das Öl in der Cocotte und braten Sie Paprika, Knoblauch und Zwiebeln darin an. Löschen Sie dann alles mit den Kidneybohnen, den Tomaten und der Gemüsebrühe ab. Geben Sie jetzt den Reis dazu.

3 Legen Sie den Deckel auf und lassen Sie die Menge für 20 Minuten köcheln. Dann geben Sie den Oregano sowie die Oliven dazu und schmecken mit Pfeffer und Salz ab.

4 Waschen und hacken Sie die Petersilie und garnieren Sie Ihren spanischen Reis damit.

# FRUCHTIGER REIS

2 Port.

30 Min.

Leicht

**Zutaten**

150 ml Wasser
2 Frühlingszwiebeln
2 EL Rapsöl
Pfeffer und Salz
100 g tiefgekühlte Erbsen
100 g Parboiled Reis
100 ml Orangensaft
1 rote Paprika
2 Möhren

**Nährwerte p. P.**

*386 kcal*
*35 g Kohlenhydrate*
*9 g Fett*
*8 g Eiweiß*

1 Waschen Sie zunächst die Frühlingszwiebeln, entfernen Sie den Strunk und schneiden Sie sie dann klein. Waschen Sie die Möhren und schneiden Sie sie in Scheiben.

2 Erhitzen Sie das Öl in der Cocotte und braten Sie Möhren und Zwiebeln für 3 Minuten darin an. Halbieren Sie währenddessen die Paprika und schneiden Sie sie in Würfel. Geben Sie sie für 2 Minuten mit in die Cocotte. Spülen Sie in der Zwischenzeit den Reis ab.

3 Geben Sie jetzt den Reis sowie das Wasser in die Cocotte, würzen Sie mit Pfeffer und Salz und lassen Sie die Menge aufkochen. Legen Sie den Deckel auf die Cocotte und lassen Sie die Menge für etwa 12 Minuten köcheln. Rühren Sie zwischendurch um und geben Sie den Orangensaft dazu. Geben Sie nach etwa 6 Minuten die Erbsen dazu.

4 Stellen Sie dann die Herdplatte aus und lassen Sie den Reis ziehen, bis er gar ist. Schmecken Sie jetzt noch einmal mit den Gewürzen ab.

# RISOTTO MIT ERBSEN UND SPINAT

2 Port.

40 Min.

Leicht

**Zutaten**

250 g halbierte, braune Champignons
1 gehackte Schalotte
1 EL getrockneter Thymian
350 ml Gemüsebrühe
100 ml pflanzliche Kochsahne
3 EL Haferflocken
100 g Babyspinat
2 EL pflanzliche Margarine
Pfeffer und Salz
2 gehackte Knoblauchzehen
250 g Orzo-Nudeln
100 g Erben
½ Zitrone (den Saft davon)

**Nährwerte p. P.**

*860 kcal*
*62 g Kohlenhydrate*
*17 g Fett*
*16 g Eiweiß*

1 Bereiten Sie die Zutaten nach der Zutatenliste vor. Erwärmen Sie dann die Margarine in der Cocotte, geben Sie die Pilze dazu, würzen Sie mit Pfeffer und Salz und braten Sie sie für etwa 8 Minuten an.

2 Geben Sie dann Thymian, Knoblauch und Schalotte dazu, verrühren Sie alles gründlich und braten Sie alles für weitere 5 Minuten. Jetzt geben Sie die Nudeln dazu und garen diese für 5 Minuten mit.

3 Löschen Sie dann mit der Hälfte der Brühe ab und lassen Sie die Menge für 5 Minuten köcheln. Sobald die Flüssigkeit aufgesogen wurde, gießen Sie die übrige Brühe dazu und köcheln die Menge erneut.

4 Rühren Sie dann die Kochsahne und die Erbsen unter die Menge. Geben Sie Haferflocken und Zitronensaft dazu und schmecken Sie mit Pfeffer und Salz ab. Den Spinat rühren Sie zum Schluss hinein. Garen Sie alles weiter, bis der Spinat zusammengefallen ist.

# Nachspeisen und Gebäck

# EIERLIKÖR-KUCHEN

6 Port.

3 Std.

Leicht

**Zutaten**

**Für den Teig:**
6 Eier
2 Pck. Vanillezucker
150 g Stevia
1 kg Magerquark
Salz

**Für die Creme:**
5 EL Eierlikör
200 ml Sahne
200 g Zartbitterschokolade

**Nährwerte p. P.**

*860 kcal*
*62 g Kohlenhydrate*
*17 g Fett*
*16 g Eiweiß*

1 Geben Sie zunächst den Quark in ein Sieb und lassen Sie ihn abtropfen. Trennen Sie die Eier und schlagen Sie etwas Stevia mit Eiweiß steif. Vermischen Sie das übrige Stevia, Salz, Vanillezucker und Eigelb in einer Schüssel und warten Sie, bis sich das Stevia aufgelöst hat. Rühren Sie dann den Quark unter die Stevia-Menge.

2 Legen Sie nun eine kleine Cocotte mit Backpapier aus und füllen Sie den Teig hinein. Backen Sie ihn bei 180 °C Ober-/Unterhitze für 1 Stunde im vorgeheizten Backofen. Lassen Sie den Teig kurz abkühlen und schneiden Sie ihn dann in Stücke.

3 Für die Creme erhitzen Sie 2 EL Eierlikör, hacken die Schokolade und schmelzen diese in dem Likör. Geben Sie dann ein wenig Sahne dazu und rühren Sie den übrigen Likör unter. Lassen Sie die Menge etwas abkühlen.

4 Schlagen Sie die übrige Sahne steif und rühren Sie sie unter die Likör-Menge. Stellen Sie die Creme für 1 Stunde im Kühlschrank kalt. Geben Sie dann die leckere Creme auf ihre Kuchenstücke.

# APFEL-ZIMTSCHNECKEN

6 Port.

2 Std.
15 Min.

Leicht

**Zutaten**

**Für den Teig:**
1 Prise Salz
1 TL Kardamom
30 g Zucker
30 g Butter
100 ml Milch
200 g Mehl
8 g frische Hefe

**Für den Belag:**
1 TL Zimt
15 g Butter
20 g Zucker

**Für die Füllung:**
1 Prise Zimt
1 TL Speisestärke
20 g Zucker
2 Äpfel

**Nährwerte p. P.**

*330 kcal*
*98 g Kohlenhydrate*
*21 g Fett*
*5 g Eiweiß*

1 Bereiten Sie zunächst den Teig zu. Geben Sie hierfür die Hefe mit dem Salz, dem Kardamom und dem Zucker in eine Schüssel. Erwärmen Sie die Butter auf etwa 40 °C und geben Sie sie dazu. Verrühren Sie den Teig mit den übrigen Zutaten mit einem Knethaken, er sollte sich jetzt gummiartig anfühlen. Lassen Sie ihn für 40 Minuten gehen.

2 Waschen Sie nun die Äpfel für die Füllung, entkernen Sie sie und schneiden Sie sie in Würfel. Geben Sie Zimt, Zucker und Stärke dazu und vermischen Sie alles miteinander.

3 Bemehlen Sie eine Arbeitsfläche und rollen Sie den Teig darauf zu einem Rechteck aus. Bestreichen Sie ihn mit flüssiger Butter und streuen Sie Zucker und Zimt darüber. Rollen Sie den Teig von der langen Seite her auf und schneiden Sie ihn dann in etwa 18 Stücke. Lassen Sie den Teig so für weitere 30 Minuten ruhen.

4 Fetten Sie nun 3 kleine Cocotten mit Butter ein und verteilen Sie die kleinen Zimtschnecken gleichmäßig auf diese. Drücken Sie die Lücken mit den Fingern zusammen, sodass keine Hohlräume entstehen.

5 Stellen Sie die Cocotten in den vorgeheizten Backofen und backen Sie die Apfel-Zimtschnecken für 45 Minuten bei 180 °C Ober-/Unterhitze.

# KOKOSKUCHEN

6 – 8 Port.

55 Min.

Leicht

**Zutaten**

300 g Zucker
600 ml Kokosmilch
1 Pck. Backpulver
150 g Kokosraspel
6 Eier
300 ml Sahne
470 g Mehl
1 Prise Salz
Butter zum Einfetten

**Nährwerte p. P.**

*235 kcal*
*42 g Kohlenhydrate*
*7 g Fett*
*3 g Eiweiß*

1 Stellen Sie die leere Cocotte in den Backofen und heizen Sie diesen auf 180 °C Umluft vor. Schlagen Sie die Eier und den Zucker schaumig und rühren Sie dann die Kokosmilch sowie die Sahne unter.

2 Vermischen Sie das Salz mit dem Backpulver sowie dem Mehl und heben Sie die Menge unter die Kokos-Mischung. Rühren Sie dann die Kokosraspel hinein.

3 Holen Sie die heiße Cocotte aus dem Ofen, fetten Sie sie mit Butter ein und füllen Sie Ihren Teig hinein. Backen Sie Ihren Kuchen für 55 Minuten ohne Deckel im Backofen. Garnieren Sie ihn nach Bedarf im Anschluss mit weiteren Kokosraspeln.

# SCHNELLER NUTELLA-CAKE

4 Port.

1 Std. 10 Min.

Leicht

**Zutaten**

250 g Butter
200 g Nutella
½ Pck. Backpulver
250 g Mehl
250 g Zucker
6 Eier
200 ml Milch
4 EL Puderzucker
Butter zum Einfetten

**Nährwerte p. P.**

*424 kcal*
*49 g Kohlenhydrate*
*24 g Fett*
*4 g Eiweiß*

1 Verrühren Sie alle Zutaten außer Puderzucker sehr gründlich miteinander. Fetten Sie dann die Cocotte mit Butter ein. Füllen Sie den Teig hinein. Geben Sie den Kuchen dann bei 170 °C Umluft in den vorgeheizten Backofen und backen Sie ihn für 60 Minuten.

2 Lassen Sie den Kuchen anschließend etwas abkühlen und lösen Sie ihn vorsichtig aus der Cocotte. Garnieren Sie mit dem Puderzucker, sobald der Kuchen vollständig abgekühlt ist.

# LECKERER BEEREN-KUCHEN

6 – 8 Port.

55 Min.

Leicht

**Zutaten**

**Für den Teig:**
350 ml Milch
125 g Puderzucker
1 Pck. Bourbon-Vanillezucker
100 g Butter
4 Eier
200 g Mehl
1 Prise Salz

**Für die Deko:**
½ TL Zimt
1 Handvoll Johannisbeeren
250 Crème fraîche
1 Handvoll Blaubeeren

**Nährwerte p. P.**

*290 kcal*
*35 g Kohlenhydrate*
*17 g Fett*
*13 g Eiweiß*

1 Zerlassen Sie die Butter bei mittlerer Hitze in der Cocotte. Erhitzen Sie die Milch separat in einem Topf. Trennen Sie die Eier und schlagen Sie die Eigelbe mit dem Puderzucker zu einer dicken, cremigen Masse. Geben Sie die Masse in die Cocotte und rühren Sie das Mehl und den Vanillezucker dazu. Gießen Sie dann die heiße Milch hinein und rühren Sie langsam um.

2 Schlagen Sie die Eiweiße mit etwas Salz steif und heben Sie alles unter den Teig in der Cocotte.

3 Backen Sie den Kuchen für 60 Minuten bei 175 °C E-Herd im vorgeheizten Backofen. Lassen Sie den Kuchen in der Cocotte abkühlen.

4 Verrühren Sie den Zimt mit der Crème fraîche und streichen Sie die Menge auf den Kuchen. Waschen Sie die Beeren und dekorieren Sie Ihren Kuchen damit. Servieren Sie den Kuchen in der Cocotte.

# BIRNEN-GRATIN MIT MIRABELLE

6 – 8
Port.

1 Std.
25 Min.

Leicht

**Zutaten**

400 ml Milch
1 TL Backpulver
50 g Rosinen
2 Birnen
3 Eier
200 g Dinkel-Vollkornmehl
2 EL Honig
350 g frische, wilde Mirabellen
Butter für die Cocotte
Nach Belieben Puderzucker

**Nährwerte p. P.**

*451 kcal*
*73 g Kohlenhydrate*
*10 g Fett*
*16 g Eiweiß*

1 Verrühren Sie zunächst den Honig, das Backpulver, das Mehl, die Milch und die Eier glatt. Lassen Sie die Menge dann 20 Minuten lang quellen. Währenddessen weichen Sie die Rosinen für ebenfalls 20 Minuten in Wasser ein.

2 Waschen Sie die Mirabellen, halbieren und entkernen Sie sie. Schälen Sie die Birnen, halbieren und entsteinen Sie sie und schneiden Sie sie dann in kleine Würfel. Lassen Sie die Rosinen wieder abtropfen.

3 Buttern Sie die Cocotte aus und vermischen Sie das Obst mit den Rosinen. Füllen Sie den Teig in die Cocotte und verteilen Sie das Obst gleichmäßig darauf.

4 Backen Sie das Gratin für 30 Minuten bei 180 °C Umluft im vorgeheizten Backofen. Nach Belieben kann im Anschluss noch mit Puderzucker garniert werden.